Bdijte i molite se

Dr. Jaerock Lee

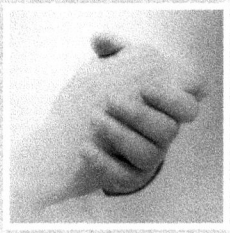

*Tada dođe k učenicima svojim
i nađe ih gdje spavaju. Reče Petru:
„Zar nijeste mogli jednu uru
probdjeti s menom?
Bdijte i molite se,
da ne padnete u napast;
jer je duh voljan, ali je tijelo slabo."
(Po Mateju 26:40-41)*

Bdijte i molite se dr. Jearock Lee
Nakladnik: Urim Books (Predstavnik: Johnny. H. Kim)
73, Yeouidaebang-ro 22-gil, Dongjak-gu, Seul, Koreja
www.urimbooks.com

Sva prava pridržana. Ni ova knjiga niti njezini dijelovi ne smiju se reproducirati u kojem obliku, pohranjivati u računalni sustav niti prenositi ni na koji način, elektroničkim, mehaničkim putom, fotokopiranjem, snimanjem te ni na koji drugi način bez prethodnog pisanog odobrenja izdavača.

Osim ako nije drukčije naznačeno, svi citati iz Svetog pisma preuzeti su iz Biblije Kršćanske sadašnjosti, Zagreb:2008. ®, autorska prava © prvo izdanje u vlastitoj nakladi 1974. izdavača Kršćanska sadašnjost, Zagreb:2008. Odobreno korištenje.

Autorska prava © 2016: Dr. Jaerock Lee
ISBN: 979-11-263-1150-7 03230
Autorska prava na prijevod © 2015: Dr. Esther K. Chung. Odobreno korištenje.

Prethodno na korejskom objavio 1992. Urim Books

Prvi put objavljeno u studenom 2016.

Urednik: Dr. Geumsun Vin
Dizajn: Urednički ured
Za više informacija obratite nam se na urimbook@hotmail.com

Poruka publikacije

Kao što nam Bog zapovijeda da se kontinuirano molimo, On nam također govori na tako puno načina zašto se moramo kontinuirano moliti i upozorava nas da se molimo da ne padnemo u iskušenja.

Baš kao što obično disanje nije težak zadatak za osobu dobrog zdravlja, duhovno zdrava osoba vidi da je prirodno i nije joj teško živjeti prema Riječi Boga i uobičajeno se kontinuirano moliti. To je zato što koliko se on moli, on će uživati u dobrom zdravlju i sve će mu dobro ići čak i dok njegova duša također uspijeva. Prema tome, značajnost molitve se nikad ne može previše naglasiti.

Osoba čiji je život istekao ne može disati kroz nosnice. Na isti način, osoba čiji je duh umro ne može duhovnu udahnuti. Drugim riječima, čovjekov duh je usmrćen Adamovim grijehom, ali oni čini je duh obnovljen Duhom Svetim nikad ne smiju prestati sa molitvom sve dok su njihovi duhovi živi, baš kao što ne možemo prestati disati.

Novi vjernici koji su tek nedavno prihvatili Isusa Krista su kao bebe. On ne znaju kako se moliti i smatraju molitvu zamornom. Međutim, kada oni ne odustanu uzdajući se u Riječ Boga i nastave se marljivo moliti, njihovi duhovi će rasti i postati ojačani kako se oni marljivo mole. Ti ljudi će tada shvatiti da oni ne mogu živjeti bez molitve, baš kao što nitko ne može živjeti bez disanja.

Molitva nije samo naš duhovni dah nego i put dijaloga između Boga i Njegove djece, koji uvijek mora biti otvoren. Činjenica da je razgovor između mnogih roditelja i njihove djece prekinuti u modernim obiteljima nije ništa manje od tragedije. Međusobno povjerenje je uništeno i njihove su veze čista formalnost. Međutim, ne postoji ništa što ne možemo reći Bogu.

Naš svemogući Bog je brižan Otac koji nas zna i shvaća najbolje, blisko pazi na nas svo vrijeme i želi za nas da pričamo sa Njim cijelo vrijeme. Prema tome, za sve vjernike, molitva je ključ otključavanja vrata srca svemogućeg Boga i oružje koje nadilazi vrijeme i prostor. Nismo li vidjeli, čuli i iskusili iz prve ruke nebrojene kršćane čini su životi preobraženi i smjer svjetske povijesti je promijenjen zbog moćne molitve?

Kako mi ponizno pitamo za pomoć Duha Svetog dok se molimo, Bog nas ispunjava sa Duhom Svetim, dopušta nam svjesno shvatiti Njegovu volju i živjeti prema njoj i dopušta nam prevladati neprijatelja vraga i biti pobjedonosni u ovom svijetu. Međutim, kada osoba neuspije primiti vodstvo Duha Svetog jer se on ne moli, on će se prvo uzdati i onda sve više na svoje misli, teorije i živjeti u neistini koja je protiv volje Boga i biti će mu teško primiti spasenje. Zato nam Biblija u Poslanici Kološanima 4:2 govori, „Ustrajte u molitvi, bdijte u njoj sa zahvaljivanjem," i po Mateju 26:41 „Bdijte i molite se, da ne padnete u napast; jer je duh voljan, ali je tijelo slabo."

Razlog zašto je Božji jedan i jedini Sin Isus mogao ostvariti Svoj rad prema volji Boga je ta što je on imao moć molitve. Prije nego je On počeo Svoje javno svećeništvo, naš Gospod Isus je postio 40 dana i postavio primjer života molitve moleći se gdje god je mogao tijekom Svojeg trogodišnjeg svećeništva.

Mi pronalazimo mnoge kršćane koji prepoznaju važnost molitve, ali mnogi od njih ne uspijevaju primiti Božji odgovor jer se ne znaju moliti prema volji Boga. Meni je bilo slomljeno srce kada sam gledao i slušao takve osobe dugo vremena, ali ja sam jako radostan objaviti knjigu o molitvi bazirano na preko 20 godina svećeništva i iskustava iz prve ruke.

Ja se nadam da će ova mala knjiga biti velika pomoć svakom čitatelju u sretanju i doživljavanju Boga i da će voditi život moćnih molitvi. Neka svaki čitatelj bude pažljiv i kontinuirano se moli tako da može uživati u dobrom zdravlju i da mu sve ide dobro čak i dok mu duša uspijeva, u ime Gospoda ja se molim!

Jaerock Lee

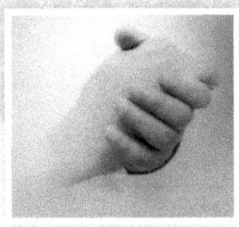

Sadržaj

Poruka publikacije

Poruka o objavljivanju

Poglavlje 1
Moli, traži i kucaj • 1

Poglavlje 2
Vjeruj da si ih primio • 21

Poglavlje 3
Vrsta molitve sa kojom je Bog zadovoljan • 35

Poglavlje 4
Da ne upadneš u iskušenje • 57

Poglavlje 5
Molitva pravednog čovjeka • 73

Poglavlje 6
Velika moć molitve u dogovoru • 85

Poglavlje 7
Uvijek se moli i ne odustaj • 101

Poglavlje 1

Moli, traži i kucaj

„Molite, i dat će vam se; tražite, i naći ćete;
kucajte, i otvorit će vam se.
Jer svaki, koji moli, prima; tko traži, nalazi;
tko kuca, otvara mu se.
Tko će od vas sinu svojemu dati kamen,
ako ga zamoli kruha.
Ili tko će mu dati zmiju, ako zamoli ribu?
Kad dakle vi, koji ste zli, znate dobre dare davati
djeci svojoj,
koliko će više Otac vaš nebeski dati dobra onima,
koji ga za to mole!"

(Po Mateju 7:7-11)

1. Bog daje dobre darove onima koji mole

Bog ne želi da Njegova djeca pate od siromaštva i bolesti nego želi da sve u njihovim životima ide dobro. Međutim, ako mi samo mirno sjedimo bez truda, mi nećemo ništa požeti. Iako bi nam Bog mogao dati sve u svemiru jer sve u svemiru pripada Njegu, On želi da Njegova djeca mole, pitaju i ostvari sama baš kao što govori stara poslovica, „Nahranio bi uplakanu bebu."

Ako postoji osoba koja želi primiti sve i on samo mirno stoji, on nije drugačiji od cvijeta zasađenog u vrtu. Kako bi demoralizirani roditelji bili ako bi se djeca ponašala kao biljke i provodili sav dan u krevetu bez truda u življenju svojih života? Takvo ponašanje je ono lijenog čovjeka koji gubi vrijeme čekajući da plod sa drveta padne u njegova usta.

Bog želi da mi postanemo Njegova mudra i ustrajna djeca koja revno mole, traže i kucaju, prema tome uživaju u Njegovim blagoslovima i daju Mu slavu. Zato nam je On zapovjedio da se molimo, tražimo i kucamo. Nijedan roditelj neće dati svojem djetetu kamen kada dijete traži kruha. Nijedan roditelj neće dati svojem djetetu zmiju kada dijete traži ribu. Čak i ako je roditelj tako zao, on želi dati svojoj djeci dobre darove. Ne misliš li da će naš Bog – koji nas voli do mjere davanja Svojeg jedinog začetog sina da umre za nas – dati Svojoj djeci dobre darove kada ih traže?

Po Ivanu 15:16 Isus nam govori, „Ne izabraste vi mene, nego ja izabrah vas, i postavih vas, da vi idete i rod rodite, i da vaš rod ostane, da štogod zamolite u Oca u ime moje, da vam dadne." To je svečano obećanje svemogućeg Boga ljubavi da kada mi revno molimo, tražimo i kucamo, On će otvoriti vrata neba, blagosloviti nas i čak odgovoriti na želje našeg srca.

Sa ulomkom na kojem je ovo poglavlje bazirano, naučimo kako moliti, tražiti i kucati da bi primili sve što pitao od Boga tako da će to biti velika slava za Njegova i velika radost za nas.

2. Molite i dat će vam se

Bog govori svim ljudima, „Molite i dat će vam se," i želi da svatko bude blagoslovljena osoba koja prima sve što pita. Za što nam onda On govori da se molimo?

1) Molite se za Božju snagu i gledanje Njegova lica

Bog, nakon što je On stvorio nebesa i zemlju u sve u njima, stvorio je čovjeka. I On ih je blagoslovio te rekao čovjeku da bude plodan i množi se, napuni zemlji i podvrgne je sebi, da vlada nad ribama morskim, pticama nebeskim i nad svakim živim bićem što se miče na zemlji.

Međutim, nakon što je prvi čovjek Adam prekršio Božju Riječ, on je izgubio te blagoslove i sakrio se od Boga nakon što je čuo Njegov glas (Postanak 3:8). U dodatku, čovječanstvo koje je postalo grešno se zastranilo od Boga i protjeranao na put uništenja kao robovi neprijatelja vraga.

Za te grešnike, Bog ljubavi je poslao Svojeg Sina Isusa Krista na zemlju da bi ih spasio i otvorio put njihovog spasenja. I ako bilo tko prihvati Isusa Krista kao svojeg osobnog Spasitelja i vjeruje u Njegovo ime, Bog mu oprašta sve njegove grijehe i daje mu dar Duha Svetog.

Nadalje, vjera u Isusa Krista nas vodi do spasenja i omogućava nam primiti snagu Boga. Samo kada nam Bog daje Svoju snagu i moć, mi možemo uspješno voditi pravedne živote. Drugim riječima, samo sa milosti i snagom koja dolazi sa neba, mi možemo prevladati svijet i živjeti prema Riječi Boga. I mi moramo primiti Njegovu moć da bi pobijedili vraga.

Psalam 105:4, „Tražite Gospoda i moć njegovu, tražite uvijek lice njegovo!" Naš Bog je „JA JESAM, KOJI JESAM" (Izlazak 3:14), Stvoritelj neba i zemlje (Postanak 2:4) i Upravitelj sve povijesti i svega u svemiru od početka i zauvijek. Bog je Riječ i sa Riječi On je stvorio sve u svemiru i prema tome, Njegova Riječ je moć. Jer se čovječje riječi stalno mijenjaju, one ne nose moć stvaranja i da bi se stvari dogodile. Za razliku od čovječjih riječi koje su neistinite i uvijek se mijenjaju, Riječ Boga je živa i puna moći i može donijeti moć stvaranja.

Prema tome, bez obzira kako nemoćna osoba može biti, ako ona čuje Riječ Boga koja je živa i vjeruje bez sumnje ona, će također, moći donijeti rad stvaranja i stvoriti nešto iz ničega. Stvaranje nečega iz ničega je nemoguće bez vjere u Božju Riječ. Zato je Isus proglasio svima koji su došli pred Njega, „Neka ti bude, kako si vjerovao!" (Po Mateju 8:13) U zaključku, moliti za snagu Boga je isto kao moliti Ga da nam da vjeru.

Što, onda, znači, „kontinuirano tražiti Njegovo lice"? Baš kao što mi ne možemo reći da „znamo" nekoga bez da znamo njegovo lice, „tražiti Njegovo lice" se odnosi na trud koji mi moramo učiniti da bi otkrili „tko je Bog." To znači da oni koji su prije izbjegavali gledati Božje lice i slušati Njegov glas sada otvaraju svoja srca, traže i razumiju Boga i pokušavaju čuti Njegov glas. Grešnik ne može podići svoju glavu i pokušava okrenuti svoje lice od drugih. Međutim, jednom kad primi oprost, on može podići svoju glavu i vidjeti druge ljude.

Na isti način, svi ljudi su bili grešnici kroz neposluh prema Božjoj Riječi, ali ako je osobi oprošteno sa prihvaćanjem Isusa Krista i postankom Božjeg djeteta primanjem Duha Svetog koji je Samo Svjetlo, njega je pravedni Bog proglasio pravednim.

Najpresudniji razlog zašto Bog govori ljudima da „mole za gledanje Božjeg lica" je taj što On želi da svaki od njih – grešnika – pomiri sa Boga i primi Duha Svetog moleći se za gledanje Božjeg lica i da postane Njegovo dijete koji može doći licem u lice sa Njim. Kada osoba postane dijete Boga Stvoritelja, on će primiti nebo i vječan život i radost, iznad čega ništa nije veći blagoslov.

2) Moli za ostvarenje Božjeg kraljevstva i pravednosti

Osoba koja primi Duh Sveti i postane dijete Boga može živjeti novim životom, jer je on preporođen u Duhu. Bog koji smatra jednu dušu vrjednijom od neba i zemlje govori nam

Svojoj djeci da se molimo za ispunjenje Njegovog kraljevstva i pravednost iznad svega ostalog (Po Mateju 6:33).

Isus nam je rekao slijedeće po Mateju 6:25-33

Zato vam kažem: Ne budite tjeskobno zabrinuti za život svoj, što ćete jesti i što ćete piti, ni za tijelo svoje, u što ćete se obući. Nije li život više od hrane i tijelo nije li više od odijela? Pogledajte na ptice nebeske! One ne siju, ne žanju, ne skupljaju u žitnice: Otac ih nebeski hrani. Nijeste li vi više vrijedni od njih? Tko od vas može svojim brigama produljiti život svoj i za jedan samo pedalj? I što ste tako tjeskobno zabrinuti za odijelo? Pogledajte na ljiljane u polju! Kako rastu! Ne rade i ne predu; A ipak kažem vam: Ni Salomon u svemu svojemu sjaju nije bio tako odjeven kao jedan jedini od njih. I kad Bog travu, što danas stoji na polju, a sutra se baca u peć, tako odijeva, koliko će više vas, malovjerni! Ne budite dakle tjeskobno zabrinuti i ne pitajte: Što ćemo jesti? Što ćemo piti? Čim ćemo se odjenuti? Za sve to brinu se neznabošci. A zna Otac vaš nebeski, da vam to sve treba. Tražite najprije kraljevstvo Božje i pravdu njegovu, i ovo će vam se sve dodati.

Što je, onda, „traženje Božjeg kraljevstva" i što je „traženje

Njegove pravednosti"? Drugim riječima, što ćemo tražiti za ostvarivanje Božjeg kraljevstva i Njegovu pravednost?

Za čovječanstvo koje je bilo roblje neprijatelja vraga i osuđeno na uništenje, Bog je poslao Svojeg jednog i jedinog Sina na zemlju i dopustio Isusu da umre na križu. Kroz Isusa Krista, Bog je također obnovio autoritet koji smo mi izgubili i dopustio nam da hodamo putem spasenja. Što mi više širimo vijesti o Isusu Kristu koji je umro za nas i uskrsnuo, to će više Sotoninih snaga biti uništeno. Što je više Sotoninih snaga uništeno, to će više izgubljenih duša doći do spasenja. Što više izgubljenih duša dođe do spasenja, to će više Božje kraljevstvo biti prošireno. Pa, „Tražiti Božje kraljevstvo" se odnosi na molitvu za rad spašenih duša ili svjetsku misiju, tako da svi ljudi mogu postati Božja djeca.

Mi smo živjeli u tami i u sredini grijeha i zla, ali kroz Isusa Krista mi smo osnaženi da bi došli pred Boga koji je Sam svjetlo. Jer Bog boravi u dobroti, u pravednosti i u svjetlu, sa grijehom i zlom mi ne možemo doći pred Njega ili postati Njegova djeca.

Prema tome „tražiti Božju pravednost" se odnosi na molitvu da se nečiji mrtvi duh može oživjeti, njegova duša uspijevati i da on može postati pravedan živeći prema Božjoj Riječi. Mi moramo pitati Boga da bi nam dopustio čuti i postati prosvijećeni sa Riječi Božjom, izaći iz grijeha i tame te boraviti u svjetlu i postati posvećeni misleći o Božjoj svetosti.

Odbacivati sva djela tijela prema željama Duha Svetog i postajati posvećen živjeti prema istini je ostvarivanje Božje pravednosti. Nadalje, kako se mi molimo za ostvarivanje Božje pravednosti mi ćemo uživati u dobrom zdravlju i sve će nam dobro ići čak i dok naš duše uspijevaju (3. Ivanova poslanica 1:2). Zato nam Bog zapovijeda da se prvo molimo za ostvarivanje Božjeg kraljevstva i Njegovu pravednost i obećava nam da ćemo dobiti sve za što molimo.

3) Moli da postaneš Njegov radnik i izvršavaš svoje Bogom dane dužnosti

Ako se moliš za ispunjenje Božjeg kraljevstva i pravednost, ti se onda moraš moliti da bi postao Njegov radnik. Ako si već Njegov radnik, ti se moraš iskreno moliti da bi ispunjavao svoje Bogom dane dužnosti. Bog nagrađuje one koji Ga iskreno traže (Poslanica Hebrejima 11:6) i daje Svoje nagrade svakom čovjeku prema učinjenom (Otkrivenje 22:12).

U Otkrivenju 2:10 Isus nam govori „Budi vjeran do smrti, i dat ću ti vijenac života." Čak i u ovom životu, kada osoba marljivo uči ona će primiti školarinu i ući u dobar fakultet. Kada osoba marljivo radi na svojem poslu, on može biti promaknut i primiti bolji tretman i veću plaću.

Na isti način, kada su Božja djeca vjerna u svojim Bogom danim dužnostima, oni će primiti veće dužnosti i veće nagrade. Nagrade ovog svijeta nisu usporedive sa nagradama u kraljevstvu nebeskom u količini i slavi. Prema tome, na svakoj od naših pozicija svaki od nas mora postati željan u vjeri i moliti se postati Božji prevrijedni radnik.

Ako osoba još uvijek nema svoje Bogom dane dužnosti, on se mora moliti da bi postao radnik za Božje kraljevstvo. Ako je osobi već dana dužnost, on se mora moliti da bi ju dobro izvršio i gledao na veću dužnost. Laik se mora moliti da bi postao đakon, dok se đakon mora moliti da bi postao starješina. Vođa ćelije se mora moliti da bi postao vođa pod – župe, vođa pod – župe da bi postao vođa župe, a vođa župe da bi rastao iznad toga.

To ne znači da bi osoba trebala tražiti titulu starješine ili đakona. To se odnosi na čežnju biti vjeran u svojim dužnostima, čineći najveći trud prema njima i služiti Bogu i biti koristan u većem kapacitetu.

Najvažnija stvar za osobu koja ima Bogom dane dužnosti je vrsta vjernosti sa kojom je on više nego u mogućnosti ispuniti čak i veće dužnosti od dužnosti koje trenutno ima. Za to, on se mora moliti tako da ga Bog pohvali, „Bravo, dobri i vjerni slugo!"

1. Poslanica Korinćanima 4:2 govori, „I ovdje se od upravitelja traži, da se tko vjeran nađe" Prema tome, svaki od nas se mora moliti da bi postao Božji vjerni radnik u našim crkvama, tijelu Krista i na našim različitim pozicijama.

4) Moli se za dnevni kruh

Da bi iskupio čovjeka od njegovog siromaštva, Isus se rodio siromašan. Da bi izliječio svaku bolest i nemoć, Isus je bičevan i prolio Svoju krv. Prema tome, samo je prirodno da Božja djeca uživaju obilan i zdrav život i svaki im posao u životu dobro ide.

Kada mi prvo pitamo za ostvarivanje Božjeg kraljevstva i pravednost, On nam govori da će nam također te sve stvari biti dane (Po Mateju 6:33). Drugim riječima, nakon što se molimo za ispunjenje Božjeg kraljevstva i pravednosti, mi se moramo moliti za stvar koje su nam potrebne za život u ovom svijetu kao što su hrana, odjeća, zaklon, posao, blagoslovi na poslu, zdravlje naše obitelji i slično. Bog će nas tada ispuniti baš kao što je On obećao. Imaj na umu da ako pitamo takve stvari sa našim požudnim željama, a ne za Njegovu slavu, Bog neće odgovoriti na naše molitve. Molitva grešnih želja nema ništa sa Bogom.

3. Traži i naći ćeš

Ako ti „tražiš" to znači da si izgubio nešto. Bog želi da ljudi imaju to „nešto" što su izgubili. Jer nam On zapovijeda da tražimo, mi prvo morao zaključiti što je to što smo izgubili da mi mogli tražiti to „nešto" što smo izgubili. Mi također moramo zaključiti kako ćemo to pronaći.

Onda, što je to što smo izgubili i kako da ga „tražimo"?

Prva osoba koju je Bog stvorio je bila živo biće sačinjeno od duha, duše i tijela. Kao živo biće koje je moglo komunicirati sa Bogom koji je Duh, prvi čovjek je uživao u svim blagoslovima koje mu je Bog dao i živio prema Njegovoj Riječi.

Ipak, nakon što ga je Sotona ponukao, prvi čovjek je prekršio

Božju zapovijed. I u Postanku 2:16-17 mi pronalazimo „A dade Gospod Bog čovjeku ovu zapovijed: Sa svakoga drveta u vrtu smiješ jesti, samo s drveta spoznanja dobra i zla ne jedi, jer čim bi jeo s njega, morao bi umrijeti."

Iako je sva dužnost čovjeka bojati se Boga i držati Njegove zapovijedi (Propovjednik 12:13), prvi stvoreni čovjek nije držao Božju zapovijed. Na kraju, kao što ga je Bog upozorio, nakon što je jeo sa stabla spoznaje dobra i zla, njegov duh u njemu je umro i on je postao čovjek duše i više nije mogao komunicirati sa Bogom. U dodatku, duhovi svih njegovih potomaka su umrli i oni su postali ljudi tijela, nisu više mogli držati svoju cijelu dužnost. Adam je protjeran iz Edenskog vrta na prokletu zemlju. On i svi koji su došli nakon njega su sad morali živjeti usred žalosti, patnje, bolesti i oni su samo sa svojim znojem mogli jesti. Nadalje, oni više nisu mogli živjeti na način dostojan svrhe Božjeg stvaranja nego su oni progoni beznačajne stvar prema tome što su mislili, oni su postali korumpirani.

Da bi individua čiji je duh umro, da bi samo njegova duša i tijelo živjeli prema načinu dostojnom svrhe Božjeg stvaranja, on mora obnoviti svoj izgubljeni duh. Samo kada mrtvi duh unutar čovjeka oživi, on postaje čovjek duha i komunicira sa Bogom koji je Duh i moći će postati kao pravi čovjek. Zato nam Bog zapovijeda da tražimo naš izgubljeni duh.

Bog je otvorio za sve ljude put oživljenja svojeg mrtvog duha i taj put je Isus Krist. Kada mi vjerujemo u Isusa Krista, kao što nam je Bog obećao, mi ćemo primiti Duh Sveti i Duh Sveti će doći i boraviti unutar nas i mi ćemo oživjeti naš mrtvi duh. Kada mi tražimo Božje lice i primimo Isusa Krista nakon slušanja Njegovog kucanja na vrata našeg srca, Duh Sveti će doći i roditi duh (Po Ivanu 3:6). Kako mi živimo u poslušnosti prema Duhu Svetom, odbacujemo djela tijela, revno ga slušamo, uzimamo, činimo kruh od njega i molimo se na Božju Riječi, kada On pomaže mi ćemo moći živjeti prema Njegovoj Riječi. To je proces u kojem je mrtvi duh oživljen i osoba postaje čovjek duha i obnavlja izgubljenu sliku Boga.

Kada mi želimo pojesti visoko nutritivno žumance jajeta, mi prvo morao polupati ljusku jajeta i odstraniti bjelanjak. Na isti način, da bi osoba postala čovjek duha, njegova djela tijela se moraju odstraniti i on mora roditi duh sa Duhom Svetim. To je „traženje" o kojem Bog govori.

Pretpostavimo da se sav električni sustav u svijetu ugasi.

Nijedan stručnjak sam ne bi mogao obnoviti sistem. Bilo bi potrebna velika količina vremena za stručnjake da pošalju električare i dostave potrebne dijelove tako da bi se struja obnovila u svakom dijelu svijeta.

Isto tako, da bi oživio mrtvi duh i postao čovjek potpunog duha, osoba mogao slušati i znati Riječ Boga. Ipak, znati samu Riječ nije dosta da bi ga pretvorila u čovjeka duha, on ju mora marljivo uzimati, činiti kruh i moliti se na Riječ tako da on može živjeti sa Riječi Boga.

4. Pokucaj i vrata će ti se otvoriti

„Vrata" o kojima Bog govori su vrata obećanja koja će se otvoriti kada mi pokucamo na njih. Na kakvu vrstu vrata nam Bog govori da pokucamo? To su vrata do srca našeg Boga.

Prije nego pokucamo na vrata do srca našeg Boga, On je prvo pokucao na vrata do našeg srca (Otkrivenje 3:20). Kao rezultat, mi smo otvoriti vrata našeg srca i prihvatili Isusa Krista. Sada, naš je red pokucati na vrata do Njegovog srca. Jer je srce našeg Boga šire od neba i dublje od oceana, kada mi pokucamo na vrata do Njegovog nemjerljivog srca, mi možemo primiti bilo što.

Kako se mi molimo i kucamo na vrata Božjeg srca, On će otvoriti vrata neba i izliti blago na nas. Kada Bog, koji otvara i nitko ne zatvara i koji zatvara i nitko ne otvara, otvori vrata neba i zavjetuje se blagosloviti nas, nitko ne staje na Njegovom putu i poplavi blagoslova (Otkrivenje 3:7).

Mi možemo primimo Božje odgovore kada mi kucamo na vrata do Njegovog srca. Ipak, ovisno o tome koliko osoba kuca na ta vrata, on može primiti ili velike ili male blagoslove. Ako želi primiti velike blagoslove, onda vrata neba moraju biti širom otvorena. Prema tome, on mora kucati na vrata Božjeg srca marljivije i ugoditi Mu.

Jer je Bog zadovoljan i radostan kada mi odbacimo zlo i živimo prema Njegovim zapovijedima u istini, ako mi živimo prema Riječi Boga, mi ćemo primiti sve što pitamo. Drugim riječima „kucati na vrata do Božjeg srca" se odnosi na život prema Božjim zapovijedima.

Kada mi marljivo kucamo na vrata do Božjeg srca, Bog nas nikad neće prekoriti i reći, „Zašto kucaš tako glasno?" To je upravo suprotno. Bog će biti još radosniji i želi nam dati sve što pitamo. Prema tome, nadam se da ćeš kucati na vrata do Božjeg srca sa svojim djelima, primiti sve što pitaš i prema tome davati veliku slavu Bogu.

Jesi li ikad uhvatio pticu praćkom? Ja se sjećam da sam čuo od jednog od očevih prijatelja, koji me hvalio zbog mojih vještina u pravljenju praćke. Praćka je naprava izrađena preciznim oblikovanjem komada drveta i izbacivanjem kamenčića s gumenom trakom zavezanom oko drveta u obliku Y.

Ako bih ja usporedio Mateja 7:7-11 sa praćkom, „pitati" se uspoređuje sa pronalaskom praćke i kamena sa kojim se može uhvatiti ptica. Onda se moraš opremiti sa sposobnosti pogoditi pticu. Čemu će ti koristiti praćka i kamen ako ne znaš kako gađati? Možda ćeš željeti napraviti metu, upoznati se sa osobinama praćke, vježbati na meti i zaključiti i shvatiti najbolji način hvatanja ptice. Taj proces je jednak „traženju." Čitajući, uzimajući i čineći kruh od Riječi Boga, kao dijete Boga ti si sada opremljen sa kvalifikacijama primanja Njegovih odgovora.

Ako si se opremio sa sposobnosti upravljanja praćkom i dobro gađaš sa njom, ti sada moraš ispucati i to je usporedno sa „kucanjem." Čak i ako su praćka i kamen spremni te čak i ako smo mi opremljeni sa sposobnost pogoditi sa njom, ako je ne ispucaš ti nećeš uhvatiti pticu. Drugim riječima, samo kada mi živimo prema Riječi Boga od koje smo načinili kruh u našem srcu, mi ćemo primiti što smo pitali od Njega.

Moliti, tražiti i kucati nisu odvojeni procesi nego isprepletena procedura. Sada znaš za što trebaš moliti, što tražiti i na što kucati. Daj veliku slavu Bogu i Njegovoj blagoslovljenoj djecu dok primaš odgovore na želje svojeg srca sa marljivim i revnim molitvama, traženjima i kucanjima u ime našeg Gospoda ja se molim!

Poglavlje 2

— ∽≈ —

Vjeruj da si ih primio

Zaista, kažem vam: Ako tko rekne gori ovoj:
Digni se i baci se u more!
I ne posumnja u srcu svojemu,
nego vjeruje, da će se ispuniti riječ njegova,
bit će mu to.
Zato vam kažem:
U molitvi možete zaželjeti, bilo štogod.
Vjerujte samo, da ćete primiti,
i bit će vam.

(Po Marku 11:23-24)

1. Velika moć vjere

Jedan dan, Isusovi učenici su Ga pratili slučajući svojeg Učitelja koji govori o ne rodnom stablu smokve, „Neka nikada na tebi više ne bude roda!" (Po Mateju 21:19) Kada su oni vidjeli da je stablo uvenulo do korijenja, učenici su bili začuđeni i upitali su Isusa. On im je odgovorio, „Zaista, kažem vam: Ako imate vjere i ne sumnjate, onda ćete ne samo učiniti, što se je dogodilo smokvi, nego ako reknete onoj gori tamo: 'Digni se i baci se u more!, to će se dogoditi'" (Po Mateju 21:21).

Isus im je također obećao, „Zaista, zaista, kažem vam: Tko vjeruje u mene, djela, koja ja činim, i on će činiti, i veća će od ovih činiti, jer ja idem k Ocu. Sve, što onda zamolite (Oca) u ime moje, učinit ću, da se proslavi Otac u Sinu. Sve, što onda zamolite (Oca) u ime moje, učinit ću, (Po Ivanu 14:12-14) i „Ako ostanete u meni, i riječi moje ostanu u vama, štogod hoćete, tražite, i bit će vam. Stim se proslavlja Otac moj, da rodite rod mnogi i budete moji učenici" (Po Ivanu 15:7-8).

Ukratko, jer je Bog Stvoritelj Otac onih koji su prihvatili Isusa Krista, oni mogu dobiti odgovore na želje svojeg srca kada oni vjeruju i slušaju Božju Riječ. Po Mateju 17:20 Isus nam govori, „Jer imate tako malo vjere, jer zaista, kažem vam: Ako imate vjere kao zrno gorušično, možete reći gori ovoj: 'Priječi odavde tamo, i prijeći će tamo. Ništa vam neće biti nemoguće.'" Zašto, onda, tako puno ljudi ne uspijeva primiti Božje odgovore i daju Mu slavu usprkos nebrojenim satima molitve? Preispitajmo kako mi možemo davati slavu Bogu dok primamo sve za što smo se molili i pitali.

2. Vjeruj u Svemogućeg Boga

Da bi čovjek održavao svoj život od trenutka rođenja, njemu su potrebne stvari kao što su hrana, odjeća, zaklon i slično. Ipak, najosnovniji element za održavanje života je disanje; to dopušta postojanje života i čini život vrijednim. Dok djeca Boga koja su prihvatila Isusa Krista i preporođena također trebaju mnoge stvari u životu, najosnovnija stvar u njihovim životima je molitva.

Molitva je kanal dijaloga sa Bogom koji je Duh kao i disanje za naš duh. Nadalje, molitva je također način pitanja Boga i primanja Njegovih odgovora, najznačajniji aspekt molitve je srce sa kojim mi vjerujemo u svemogućeg Boga. U ovisnosti o količini vjere u Boga dok se osoba moli, ona će biti ispunjena sa sigurnosti Božjih odgovora i primiti će odgovore prema njenoj vjeri.

Sada, tko je taj Bog u kojeg mi stavljamo našu vjeru?

U opisivanju Samog sebe u Otkrivenju 1:8 Bog je rekao, „Ja sam Alfa i Omega, Početak i Svršetak, govori Gospodin Bog, koji jest, i koji bijaše, i koji će doći, Svemoćni." Bog prikazan u Starom Zavjetu je Stvoritelj svega u svemiru (Postanak 1:1-31) i razdvojitelj Crvenog mora i onda je dopustio Izraelcima koji su ostali u Egiptu da ga pređu (Izlazak 14:21-29). Kada su Izraelci slušali Božje zapovijedi i marširali oko grada Jerihona sedam dana i glasno zavikali, na pogled neuništivi zidovi Jerihona su se srušili (Jošua 6:1-21). Kada se Jošua molio Bogu usred borbe protiv Amorita, Bog je učinio da sunce stoji i mjesec je stao (Jošua 10:12-14).

U Novom Zavjetu, Isus, Sin svemogućeg Boga, je uzašao iz groba (Po Ivanu 11:17-44), ozdravio svaku bolest (Po Mateju 4:23-24), otvorio oči slijepima (Po Ivanu 9:6-11) i učinio da bogalji ustanu i hodaju (Djela apostolska 3:1-10). On je također otjerao odjednom silu neprijatelja vraga i zlih duhova sa Svojom Riječi (Po Marku 5:1-20) i sa pet kruhova i dvije ribe, On je učinio dovoljno hrane za 5000 ljudi da jedu i budu siti (Po

Marku 6:34-44). Nadalje, smirivajući vjetar i valove, On je iz prve ruke pokazao da je On Upravitelj svih stvari u svemiru (Po Marku 4:35-39).

Prema tome, mi moramo vjerovati u svemogućeg Boga koji nam daje dobre darove u Svojoj obilnoj ljubavi. Isus nam je rekao po Mateju 7:9-11, „Tko će od vas sinu svojemu dati kamen, ako ga zamoli kruha. Ili tko će mu dati zmiju, ako zamoli ribu? Kad dakle vi, koji ste zli, znate dobre dare davati djeci svojoj, koliko će više Otac vaš nebeski dati dobra onima, koji ga za to mole!" Bog ljubavi želi nam dati Svojoj djeci najbolje darove.

U svojoj prelijevajućoj ljubav Bog daje Svojeg jednog i jedinog Sina. Što nam još On ne bi dao? Izaija 53:5-6 nam govori, „Ali je on bio ranjen za naše grijehe, izbijen za naša zlodjela. Za spasenje naše ležala je kazna na njemu, modricama njegovim mi smo se iscijeljeni. Svi smo mi kao ovce lutali naokolo. Svaki je išao svojim vlastitim putem. A Gospod je stavio na njega grijehe zlodjela sviju nas." Kroz Isusa Krista Bog nas je pripremio, mi smo primili život od smrti i mi možemo uživati u miru i biti ozdravljeni.

Ako Božja djeca služe svemogućeg i živog Boga kao svojeg Oca i vjeruju da je Bog uzrokovao svim stvarima da rade zajedno za dobro onih koji Ga vole i odgovaraju onima koji zavape za Njim, oni se ne smiju brinuti ili postati nervozni u vrijeme iskušenje i nepogoda, nego davati hvalu, radovati se i molili.

To je „vjerovati u Boga" i On je radostan vidjeti takav prikaz vjere. Bog nam također odgovara prema našoj vjeri pokazujući nam dokaze Svojeg postojanja, Bog nam dopušta da Mu damo slavu.

3. Moli u vjeri i ne sumnjaj

Bog Stvoritelj neba, zemlje i čovječanstva dopušta da čovjek zabilježi Bibliju tako da se Njegova volja i providnost mogu znati svima. U svim trenucima, Bog se također pokazuje onima koji vjeruju u i slušaju Njegovu Riječ i dokazuje nam da je On živ i svemogući kroz prikazivanje čudesnih znakova i čuda.

Mi možemo vjerovati u živog Boga samo gledajući u stvaranje (Poslanica Rimljanima 1:20) i dati slavu Bogu primajući Njegove odgovore sa našim molitvama prema našoj vjeri u Njega.

Postoji „tjelesna vjera" sa kojom mi možemo vjerovati jer se naše znanje ili misli podudaraju sa Božjom Riječ a „duhovna vjera," je vrsta vjere sa kojom mi možemo primiti Njegove odgovore. Dok ono što nam Riječ Boga govori je nevjerojatno mjereno sa čovječjim znanjem i mislima, kada Ga pitamo sa vjerom u Njega, Bog nam daje vjeru i smisao sigurnosti. Ti se elementi kristaliziraju u odgovore i to je duhovna vjera.

Prema tome Jakovljeva poslanica 1:6-8 govori, „Ali neka ište s vjerom, ne sumnjajući ništa; jer tko sumnja, sličan je morskomu valu, koji vjetar podiže i goni. Takav čovjek neka ne misli, da će primiti što od Gospodina, čovjek s dvije duše nestalan je na svima putovima svojim."

Sumnja izvire iz ljudskog znanja, misli, argumenata i izgovora i to je nam je donio neprijatelj vrag. Sumnjajuće srce je prevrtljivo i varljivo i Bog to najviše mrzi. Kako bi tragično bilo kad ti tvoja djeca ne bi mogla vjerovati nego umjesto toga sumnjaju da li si ti njihov biološki otac ili majka? Na isti način, kako Bog može odgovoriti na molitve Svoje djece ako oni nisu u mogućnosti vjerovati u Njega da je on njihov Otac, iako ih je On porodio i brinuo se za njih?

Mi smo prema tome podsjećeni „Jer mudrost tijela neprijateljstvo je Bogu, jer se ne pokorava zakonu Božjemu, a niti može. A koji su u tijelu, ne mogu ugoditi Bogu" (Poslanica Rimljanima 8:7-8) i potaknuti „I svaku visost, koja se podiže proti spoznaji Božjoj, i zarobljujemo svaki razum za pokornost Kristu;" (2. Poslanica Korinćanima 10:5).

Kada je naša vjera pretvorena u duhovnu vjeru i mi nemamo niti malo sumnji, Bog je jako zadovoljan i dat će nam sve što pitamo. Kada ni Mojsije ni Jošua nisu sumnjali nego samo prihvatili sa vjerom, oni su mogli razdvojiti Crveno more, preći Jordan i uništiti zidove Jerihona. Na isti način, kada ti kažeš planini, „Budi preuzeta i padni u more" i nemaš niti malo sumnji u svojem srcu nego vjeruješ da će se to dogoditi to će biti učinjeno za tebe.

Pretpostavimo da kažeš Mount Everestu, „Idi baci se u Indijski ocean." Hoćeš li primiti odgovor na svoje molitve? Očito je da će globalni kaos slijediti ako Mount Everest stvarno završi u Insijskom Oceanu. Jer to ne može i nije Božja volja, takva će molitva proći ne odgovoreno bez obzira koliko se ti moliš jer ti On ne daje duhovnu vjeru sa kojom ti možeš vjerovati u Njega.

Ako se ti moliš za ostvarivanje nečeg što je protiv volje Boga, vrsta vjere sa kojom ti možeš vjerovati u svojem srcu neće doći do tebe. Ti možeš vjerovati na početku da su tvoje molitve odgovorene ali kako vrijeme prolazi, sumnje će rasti. Samo kada se mi molimo i pitamo prema volji Boga bez sumnji čak i malih mi ćemo primiti Njegove odgovore. Prema tome, ako tvoja molitva još nije odgovorena, ti moraš shvatiti da je to zbog toga što ti tražiš nešto što stoji protiv volje Boga ili je to tvoja krivnja zbog sumnje ili sumnjaš u Njegovu Riječ.

1. Ivanova poslanica 3:21-22 nas podsjeća, „Ljubljeni, ako nas srce ne kori, imamo pouzdanje u Boga, i štogod molimo, primamo od njega, jer zapovijedi njegove držimo i činimo, što je njemu ugodno."

Ljudi slušaju Božje zapovijedi i čine što će Ga udovoljiti i ne traže stvari koje se suprotstavljaju sa Božjom voljom. Mi možemo primiti sve što pitamo sve dok su naše molitve prema Njegovoj volji. Bog nam govori, „Zato vam kažem, u molitvi možete zaželjeti, bilo štogod. Vjerujte samo, da ćete primiti, i bit će vam" (Po Marku 11:24).

Prema tome, da bi mi primili Božje odgovore, mi prvo moramo primiti od Njega duhovnu vjeru koju ti On daje kada ti djeluješ i živiš prema Njegovoj Riječi. Kako si ti uništio sve argumente i spekulacije koje su podignute protiv znanja Boga, sumnje će nestati i ti ćeš imati duhovnu vjeru, prema tome primiti sve što pitaš.

4. Sve stvari za koje se moliš i pitaš, vjeruj da ćeš ih primiti

Brojevi 23:19 nas podsjećaju, „Bog nije čovjek da bi trebao lagati, niti je sin čovjeka da bi se trebao pokajati; kako je rekao tako i čini. On zar da rekne i da ne učini?"

Ako ti stvarno vjeruješ u Boga, pitaš sa vjerom i ne sumnjaš niti malo, ti moraš vjerovati da ćeš primiti sve za što si se molio i pitao. Bog je svemoguć, vjeran i On nam je obećao odgovore.

Zašto onda, tako puno ljudi ne prima Njegove odgovore unatoč njihovoj moliti sa vjerom? Je li to zato što im Bog nije odgovorio? Ne. Bog im je zasigurno odgovorio na njihove molitve ali treba vremena jer se oni nisu pripremili kao lađe dostojne sadržavanja Njegovog odgovora.

Kada ratar sije sjeme, on vjeruje da će on požeti plod ali on ne može odmah biti veliki plod. Nakon što je sjeme posađeno, sjeme niče, cvjeta i nosi plod. Nekom sjemenu treba duže u rađanju ploda od drugih. Isto tako, proces primanja Božjih odgovora treba takvu sjetvu i njegovanje.

Pretpostavimo da se neki student moli, „Dopusti mi da uđem i studiram na Harvardu." Ako se on molio sa vjerom u Njegovu moć, Bog će zasigurno odgovoriti na studentovu molitvu. Međutim, odgovori na njegove molitve ne moraju doći odmah. Bog priprema studenta da odraste u ispravnu lađu za Njegove odgovore i u kasnije vrijeme On će mu odgovoriti na molitvu. Bog će mu dati srce da jako uči i marljivost tako da može uspijevati u školi. Kako student nastavlja sa molitvom, Bog će otkloniti iz njegova uma sve svjetovne stvari i dati mu mudrost i prosvjetliti ga da studira još učinkovitije. Prema studentovim djelima, Bog je učiniti svaki napor u njegovoj životu da prođe uspješno i opskrbiti studenta sa kvalifikacijama da uđe u Harvard i kada vrijeme dođe, Bog će mu dopustiti ulazak u Harvard.

Isto se pravilo primjenjuje na ljude koji boluju od bolesti. Kako oni uče kroz Riječ Božju zašto je bolest došla na njih i kako mogu biti ozdravljeni, kada se oni mole sa vjerom oni mogu primiti ozdravljenje. Oni moraju otkriti zid grijeha koji stoji između njih i Boga i doći do dna izvora bolesti. Ako je bolest došla zbog mržnje, oni moraju odbaciti mržnju i transformirati svoje srce u ljubav. Ako je bolest došla zbog prejedanja, oni moraju primiti od Boga moć samokontrole i popraviti svoju štetnu naviku. Samo kroz takav proces Bog daje ljudima vjeru sa kojim oni mogu vjerovati i pripremiti se u pravilne lađe za primanje Njegovog odgovora.

Moliti se za prosperitet u poslu nije ništa drugačije od slučajeva iznad. Ako se moliš primiti blagoslove kroz svoj posao, Bog će te prvo staviti na test da bi postao vrijedna lađa za Njegove blagoslove. On će ti dati mudrost i moć tako da će tvoja sposobnost vođena posla postati istaknuta, tako da će tvoj posao rast i ti ćeš biti vođen do izvrsne situacije u kojoj ćeš voditi posao. On će te voditi do pouzdanih osoba, postupno povećavati tvoju dobit i kultivirati tvoj posao. Kada vrijeme po Njegovom odabiru dođe, On će odgovoriti na tvoje molitve.

Kroz tu sjetvu i njegovanje, Bog vodi tvoju dušu do uspjeha i stavlja te na test da bi te učinio lađom vrijednom primanja svega što Ga pitaš. Prema tome, nikad ne smiješ postati nestrpljiv bazirano na svojim mislima. Umjesto toga, trebaš se prilagoditi Božjem okviru i čekati Njegovo vrijeme, vjerujući da si već primio Njegove odgovore.

Svemogući Bog, prema zakonima duhovnog svijeta, odgovara Svojoj djeci u Svojoj pravdi i on je zadovoljan kada Ga oni pitaju u vjeri Poslanica Hebrejima 11:6 govori „A bez vjere nije moguće ugoditi Bogu; jer onaj, koji hoće da dođe k Bogu, valja da vjeruje, da ima Bog i da plaća onima, koji ga traže."

Neka ti udovoljiš Bogu imajući takvu vrstu vjere sa kojom ti možeš vjerovati sa si već primio sve što si tražio u molitvama i dati Mu veliku slavu primajući sve što si pitao, u ime Gospoda ja se molim!

Poglavlje 3

Vrsta molitve sa kojom je
Bog zadovoljan

Tada izađe i otiđe
po svojemu običaju na Maslinsku goru.
Za njim otiđoše učenici njegovi.
Kad dođe tamo,
reče im:
„Molite se, da ne padnete u napast!"

Udalji se od njih kako se može kamenom dobaciti,
klekne na koljena i pomoli se:
„Oče, ako hoćeš, ukloni ovu čašu od mene!
Ali ne moja, nego neka bude volja tvoja!"
Tada mu se javi anđeo s neba
i okrijepi ga.
I napade ga smrtna tjeskoba, i molio se je još usrdnije.
Znoj je njegov bio kao kaplje krvi,
što su tekle na zemlju.

(Po Luki 22:39-44)

1. Isus je postavio primjer ispravne molitve

Po Luki 22:39-44 opisuje scenu u kojoj se Isus moli na Maslinskoj gori u noći prije nego je On morao nositi križ da bi otvorio put spasenja čovječanstva. Ti stihovi nam govore mnoge aspekte vrste atributa srca koje mi moramo tražiti dok se molimo.

Kako se Isus molio da On nije samo nosio teški križ nego je također prevladao neprijatelja vraga? Kakvu je vrstu srca Isus uzeo kada se On molio tako da je Bog bio zadovoljan sa Njegovim molitvama i poslao anđela sa neba da Ga osnaži?

Bazirano na ovim stihovima, uđimo u detalje u ispravne atribute u molitvama i vrsti molitve sa kojom je Bog zadovoljan i ja potičem svakog od vas da preispitate svoj vlastiti život molitve.

1) Isus se molio uobičajeno

Bog nam govori da se molimo bez prestanka (1. poslanica Solunjanima 5:17) i obećava nam dati kada Ga molimo (Po Mateju 7:7). Iako je ispravno stalno se moliti i pitati svo vrijeme, većina ljudi moli samo kada žele nešto ili imaju problema.

Ipak, Isus je došao i nastavio kao što je bio Njegov običan na Maslinskoj gori (Po Luki 22:39). Prorok Daniel kontinuirano kleči na svojim koljenima tri puta na dan, moli se i daje hvalu pred svojim Bogom, kao što je to i ranije činio (Daniel 6:10) i dva Isusova učenika Petar i Ivan su odvojili određeno vrijeme dana za molitvu (Djela apostolska 3:1).

Moramo slijediti Isusov primjer i razviti naviku odvajanja određenog vremena i kontinuirano se moliti svaki dan. Bog je posebno zadovoljan sa jutarnjom molitvom ljudi sa kojom oni sve predaju Bogu na početku svakog dana i sa večernjom molitvom sa kojom daju hvalu za Božju zaštitu tijekom dana na kraju svakog dana. Kroz te molitve ti možeš primiti Njegovu veliku moć.

2) Isus je klečeći molio

Kada ti klečiš, tvoje srce sa kojim se ti moliš stoji uspravno i ti pokazuješ poštovanje ljudima sa kojima pričaš. Normalno je za svakog tko se moli Bogu da kleči dok se moli.

Isus Sin Boga se molio sa poniznim stavom i On je klečao prilikom molitvi svemogućem Bogu. Kralj Solomon (1. Kraljevima 8:54), apostol Pavao (Djela apostolska 20:36) i đakon Stjepan koji je umro kao mučenik (Djela apostolska 7:60) su svi klečali dok su molili.

Kada mi pitamo naše roditelje ili nekoga sa autoritetom za

uslugu ili stvari koje želimo, mi postajemo nervozni i uzimamo svaku predostrožnost da bi spriječili greške. Kako bi se onda, trebali pojaviti neuredno u umu i tijelu ako znamo da pričamo sa Bogom Stvoriteljem? Klečanje je izraz tvojeg srca koje poštuje Boga i vjeruje u Njegovu moć. Mi se moramo urediti i poniznu klečati dok se molimo.

3) Isusova molitva je bila prema volji Boga

Isus se molio Bogu, „Ali ne moja, nego neka bude volja tvoja" (Po Luki 22:42). Isus Sin Boga je došao na zemlju da bi umro na drvenom križu iako je On bio nevin i besprijekoran. Zato se On molio, „Oče, ako hoćeš, ukloni ovu čašu od mene" (Po Luki 22:42). Ali on je znao volju Boga koja je bila spas svog čovječanstva kroz jednu osobu i On se molio ne za svoje dobro nego samo prema volji Boga.

1. poslanica Korinćanima 10:31 govori: „Ako dakle jedete, ako li pijete, ako li drugo što činite, sve na slavu Božju činite!" Ako mi tražimo nešto što nije za slavu Boga nego za požudne želje, mi ne tražimo ispravan zahtjev; mi se moramo samo moliti prema volji Boga. Nadalje, Bog nam govori da imamo na umu ono što pronalazimo u Jakovljevoj poslanici 4:2-3 „Želite i nemate; ubijate zavidite, i ne možete postići; borite se i vojujete. i

nemate, jer ne molite. Molite, i ne primate, jer zlo molite, da u nasladama svojim trošite." Pa, mi trebamo pogledati unazad i vidjeti da li se molimo samo za naše dobro.

4) Isus se borio u molitvama

Po Luki 22:44 mi možemo naći kako se Isus iskreno molio. „Molio se jako revno, i Njegov se znoj pretvorio u kapljice krvi, padajući na pod."

Klima na Maslinskoj gori gdje se Isus molio bi se ohladila preko noći tako da se bilo teško i uznojiti. Sada, možeš li zamisliti kako se Isus naprezao u iskrenoj i revnoj moliti da je Njegov znoj postao kao kapi krvi koje padaju na zemlju? Da se Isus molio u tišini, bi li se On mogao moliti tako revno do znoja dok se molio? Kako je Isus zavapio Bogu strastveno i revno, Njegov je znoj postao „kao kapljice krvi, padajući na pod."

U Postanaku 3:17 Bog govori Adamu, „Jer si popustio molbi žene svoje i jeo s drveta, za koje sam ti zapovjedio: 'Ne smiješ jesti s njega', to neka je prokleta zemlja zbog tebe; s mukom ćeš se od nje hraniti sve dane života svojega." Prije nego je čovjek proklet, on je živio život u obilnosti sa svim što je Bog pripremio za njega. Kada je grijeh ušao u njega kroz neposluh prema Bogu, njegova komunikacija sa njegovim Stvoriteljem je završila i samo je kroz mučan rad on mogao jesti.

Ako je ono što je moguće za nas ostvarivo samo kroz težak rad, što nam je činiti kad pitamo Boga za nešto što mi ne možemo učiniti? Molim te zapamti da samo sa vikanjem Bogu u molitvama, teškim radom i znojem mi možemo primiti što želimo od Boga. Nadalje, imaj na umu kako nam Bog govori da je težak rad i trud potreban da bi se rodio plod i kako je Sam Isus iskreno radio i hrvao se u molitvi. Imaj to na umu, čini isto što je i Isus činio i moli se na način koji je ugodan Bogu.

Do sada smo pogledali kako se Isus, koji je postavio primjer iskrene molitve, molio. Ako se Isus, koji posjeduje sav autoritet, molio do granice postavljanja primjer, kakvu vrstu stava bi mi trebali imati, obična Božja stvorenja, dok se molimo? Vanjski izgled i stav molitve osobe izražava njegovo srce. Prema tome, vrsta srca sa kojim se mi molimo mora biti jednako važno kao stav sa kojim se mi molimo.

2. Osnove za vrstu molitve sa kojom je Bog zadovoljan

Sa kojom vrstom srca bi se mi trebali moliti tako da je Bog zadovoljan i da nam On odgovori na molitvu?

1) Ti se moraš moliti sa svim svojim srcem

Mi smo naučili kroz način na koji se Isus molio da molitva iz srca proizlazi iz stava sa kojim se molimo Bogu. Možemo reći iz stava, sa kakvom vrstom srca se osoba moli.

Pogledajmo Jakobovu molitvu u Postanku 32. Sa rijekom Jabbok ispred, Jakob se našao u neprilici. Jakob nije mogao ići nazad jer se dogovorio sa ujakom Labano da neće preći granicu zvanu Galeed. On tu nije mogao preći Jabbok, a na drugoj strani, njegov brat Esau ga je čekao sa 400 ljudi da bi ga zarobio. To je bilo tako očajno vrijeme kada je Jakobov ponos i ego na koje se on uzdao uništen. Jakob je konačno shvatio da samo kada sve svoje stavi u Boga i pokrene Njegovo srce svi njegovi problemi će se riješiti. Kako se Jakob hrvao u molitvi do točke slamanja kuka, on je konačno primio Božji odgovor. Jakob je uspio pokrenuti Božje srce i pomiriti se sa svojim bratom koji ga je čekao da bi napravili dogovor.

Ako pogledamo pobliže 1. Kraljevima 18 u kojoj prorok Ilija prima Božji „vatren odgovor" i daje veliku slavu Bogu. Kada je idolopoklonstvo bilo rašireno tijekom vladavine kralja Ahaba, Ilija se sam natjecao sa 450 Baalovih proroka i porazio ih tako da je donosio Božje odgovore pred Izraelcima i svjedočio o živom Bogu.

To je bilo vrijeme kada je Ahab mislio da je prorok Ilija kriv za tri i pol godišnju sušu koja je pala na Izrael i tražio je proroka. Međutim, kada je Bog naredio Iliji da ode pred Ahaba, prorok je brzo poslušao. Kako je prorok otišao pred kralja koji ga je tražio da bi ga ubio, hrabro govorio da Bog govori kroz njega i preokrenuo sve sa molitvom vjere koja nije sadržavala niti malo sumnje, rad pokajanja se prikazao za ljude koji su slavili idole dok su se vraćali Bogu. Nadalje, Ilija je kleknuo dolje na zemlju i stavio svoje lice među svoja koljena kada se iskreno molio da će spustiti Božji rad na zemlju i okončati sušu koja je mučila zemlju tri i pol godine (1. Kraljevima 18:42).

Naš Bog nas podsjeća u Ezekijelu 36:36-37, „Ja, Gospod, to sam rekao i to ću izvršiti. Ovako veli svemogući Gospod: 'I to će me zamoliti kuća Izraelova, da im učinim.'" Drugim riječima, iako je Bog obećao Iliji tešku kišu nad Izraelom, teška kiša nije mogla pasti bez Ilijine iskrene molitve iz njegova srca. Molitva iz našeg srca može stvarno pokrenuti i impresionirati Boga, koji će odmah odgovoriti i dopustiti nam dati Mu slavu.

2) Moraš zavapiti Bogu u molitvama

Bog nam obećava da će nas On poslušati i sresti nas kada Ga zazovemo, dođemo i molimo Mu se i tražimo Ga sa svim našim srcem (Jeremija 29:12-13; Mudre izreke 8:17). U Jeremiji 33:3 On nam također obećava, „Zazovi me, i odgovorit ću ti i pokazat ću ti velike, nevjerojatne stvari, za koje nijesi znao." Razlog zašto nam Bog govori da zavapimo za Njim u molitvama je tako što kada mi zavapimo prema Njemu u molitvama sa glasnim glasom, mi ćemo se moći moliti sa svim našim srcem. Drugim riječima, kada mi zavapimo u molitvama, mi ćemo biti odmaknuti od svjetovnih misli, umora i uspavanosti u našim mislima i mi ćemo naći mir u našem umu.

Ipak, mnoge današnje crkve vjeruju i uče svoju zajednicu da biti tih unutar svetišta je „božanstveno" i „sveto." Kada neka braća zavape Bogu sa glasnim glasom, ostatak zajednice brzo misli da je to neispravno i čak osuđuju takve ljude kao heretike. Međutim, to je prouzrokovano bez znanja Božje Riječi i Njegove volje.

Rane crkve, koje su svjedočile velikim prikazima Božje moći i oživjeljanja, su mogle hvaliti Boga u punoći Duha Svetog dok su podizali svoje glasove do Boga u jedan glas. Čak i danas, mi možemo vidjeti kako su nebrojeni znakovi i čuda prikazani i kako je iskustvo velikog oživljenja u crkvama koje zavape Bogu glasnim glasom, slijede i žive prema Božjoj volji.

„Zavapiti Bogu" se odnosi na molitvu Bogu sa iskrenim molitvama i podignutim glasom. Kroz takve molitve, braća i sestre u Kristu mogu postati puni Duha Svetog i kako su sile neprijatelja vraga koje se upliču otjerane, oni mogu primiti odgovore na svoje molitve i duhovne darove.

U Bibliji postoje mnogi zapisi o događajima u kojima su Isus i mnogi praoci vjere zavapili Bogu sa podignutim glasom i primili Njegove odgovore.

Dopusti mi da objasnim par primjera u Starom Zavjetu.

U Izlasku 15:22-25 postoji scena u kojoj Izraelci, nakon izlaska iz Egipta puno ranije, su taman sigurno prešli Crveno more pješke nakon što ga je Mojsijeva vjera razdvojila. Međutim, jer je Izraelska vjera bila mala, oni su prigovarali protiv Mojsija kada nisu mogli ništa pronaći za piti dok su prelazili pustinju Shur. Kada je Mojsije „zavapio" Bogu, gorka voda Maraha se pretvorila u slatku.

U Brojevima 12 postoji scena u kojoj je Mojsijeva sestra Miriam postala gubava nakon što je govorila protiv njega. Kada je Mojsije zavapio Bogu, govoreći, „O Bože, ozdravi je opet." Bog je ozdravio Miriam od kuge.

U 1. Samuelovoj 7:9 mi čitamo, „Samuel uze jedno janje odojče i prinese ga Gospodu kao punu žrtvu paljenicu. Pritom se je molio Samuel glasno Gospodu za Izraela, i Gospod ga usliši."

1. Kraljevima 17 ima priču o Safaratskoj udovici koja je pokazali Iliji sluzi Boga gostoprimstvo. Kada se njen sin razbolio i umro, Ilija je zazvao Boga i rekao, „Gospode, Bože moj, daj ipak da se život dječakov opet vrati u njega!" Bog je čuo glas Ilije i život djeteta se vratio i on je oživljen (1. Kraljevima 17:21). Kada je Bog čuo Ilijin povik, mi vidimo da je Bog odgovorio na prorokovu molitvu.

Jona, kojeg je progutala velika riba zbog njegovog neposluha prema Bogu, je također primio spasenje nakon što je zavapio Bogu u molitvi. U Joni 2:2 mi pronalazimo da se on molio, „Iz tjeskobe svoje zavapih Gospodu: on mi dade odgovor. Iz krila podzemnoga svijeta povikah za pomoć: ti si čuo glas moj." Bog je čuo njegov povik i spasio ga. Bez obzira na situaciji u kojoj se nalazimo koja može biti opasna i strašna kao Jonina, Bog će nam dati želje našeg Srca, odgovoriti nam i dati nam riješenje problema kada se mi pokajemo naših grešaka u Njegovim očima i zavapimo prema Njemu.

Novi Zavjet je također ispunjen sa scenama u kojima ljudi zavape prema Bogu.

Po Ivanu 11:43-44, mi pronalazimo da Isus zavapi sa glasnim glasom, „Lazare, izađi van," i čovjek koji je umro je izašao, zavezanih ruku i nogu sa zavojima i njegovo je lice bilo umotano sa zavojima. Bilo bi svejedno mrtvom Lazaru da je Isus vikao sa glasnim glasom ili mu šaptao. Ipak, Isus je vikao Bogu sa glasnim glasom. Isus je uzdigao Lazara, čije je mrtvo tijelo bilo u grobnici 4 dana, nazad u život sa Svojom molitvom prema Božjoj volji i prikazao Božju slavu.

Po Marku 10:46-52 govori nam o ozdravljenju prosjaka imenom Bartimej.

Kada je izlazio iz Jeriha s učenicima svojim i s velikim mnoštvom naroda, sjedio je na putu prosjak slijepac, Bartimej, sin Timejev. Čim je on čuo, da je tu Isus Nazarećanin, povika iza glasa: „Isuse, sine Davidov, smiluj mi se!" Mnogi su ga korili, neka šuti. Ali on je vikao još jače: „Sine Davidov, smiluj mi se!" Tada stade Isus i reče: „Zovnite ga ovamo!" Zovnuše slijepca i rekoše mu: „Imaj pouzdanje! Ustani, zove te." Tada on zbaci sa sebe haljinu svoju, skoči i pohrli k Isusu. Isus ga upita: „Što hoćeš od mene?" „Učitelju", zamoli slijepac, „učini, da mogu vidjeti!"

Isus mu reče: „Idi, vjera te je tvoja ozdravila." Odmah je mogao vidjeti i pošao je putem za njim.

U Djelima apostolskim 7:59-60 dok je đakon Stjepan kamenovan da bi umro kao mučenik, on je zazvao Gospoda i rekao, „Gospodine Isuse, primi duh moj!" Onda je pao na koljena i zazvao sa glasnim glasom, „Gospodine, ne uzimaj im ovo za grijeh."

I kao što se čita iz Djela apostolskih 4:23-24, 31, „A kad su bili otpušteni dođoše k svojima i javiše im, što su im bili sve rekli glavari svećenički i starješine. A oni kad čuše, jednodušno podigoše glas k Bogu. Iza ove molitve potrese se mjesto, gdje su bili skupljeni. Svi se napuniše Duha Svetoga, i navješćivali su riječ Božju sa smjelošću."

Kada zavapiš Bogu, ti možeš postati pravi svjedok Isusa Krista i prikazati moć Duha Svetog.

Bog nam govori da zavapimo prema Njemu dok postimo. Ako provedemo puno vremena tijekom našeg posta spavajući od umora, mi nećemo primiti nikakve odgovore od Boga. Bog je obećao u Izaiji 58:9, „Ako tada zovneš, daje ti odgovor Gospod. Ako vikneš za pomoć, on će reći: 'Evo me.'" Prema Njegovom obećanju, ako mi zavapimo dok postimo, milost i moć odozgor će se spustiti na nas i mi ćemo biti pobjedonosni i primiti Božje odgovore.

Sa „Prispodobom o upornoj udovici," Isus nas je retorično pitao, „A Bog izabranima svojim, koji dan i noć vapiju k njemu, da ne pomogne do njihovih prava, da ih pusti čekati?" (Po Luku 18:7).

Prema tome, kao što nam Isus govori po Mateju 5:18 „Jer zaista, kažem vam: Dok stoji nebo i zemlja, neće nestati nijedne crtice slova ili točke iz zakona, dok se sve ne ispuni," kada se Božja djeca mole, samo je prirodno da zavape u molitvi. To je Božja zapovijed. Jer Njegov zakon diktira da mi jedemo plodove našeg rada, mi možemo primiti Božje odgovore kada zavapimo za Njim.

Neki ljudi mogu odgovoriti, bazirajući svoje tvrdnje na Mateju 6:6-8 i pitati, „Moramo li zavapiti Bogu kada On već zna što mi trebamo prije nego pitamo?" ili „Zašto zavapiti kada je Isus rekao se molim u tajnosti u mojoj sobi sa zatvorenim vratima?" Ipak, nigdje u Bibliji nećeš naći stih koji se odnosi da se ljudi mole u tajnosti u udobnosti svojih soba.

Pravo značenje Mateja 6:6-8 je da nas potakne da se molimo sa svim našim srcem. Uđi u svoju unutarnju sobu i zatvori vrata za sobom. Ako si ti u sobi koja je bila privatna i tiha sa zatvorenim vratima, nećeš li odsjeći sebe od svih kontakata? Baš kao što ćemo mi biti odsječeni od sveg vanjskog pristupa našim sobama sa zatvorenim vratima, Isus nam govori po Mateju 6:6-8 da odrežemo sebe od naših misli, svjetovnih misli, briga, nervoza i slično, te se molimo sa svim našim srcem.

Nadalje, Isus nam govori tu priču kao lekciju za ljude da bi znali da Bog ne sluša molitve farizeja i svećenika, koji su tijekom Isusovog vremena molili glasnim glasom da bi bili pohvaljeni i da bi ih drugi vidjeli. Mi ne bismo trebali postati ponosni na količinu naše molitve. Umjesto toga, mi se moramo hrvati u našim molitvama sa svim našim srcem do Njega koji traži naša srca i misli, do Svemogućeg koji zna sva naša djela i želje i Onaj koji je „sve u svemu."

Jako je teško moliti se sa svim našim srcem kroz tihu molitvu. Pokušaj se moliti meditirajući sa svojim očima zatvorenim preko noći. Ti ćeš otkriti da se ubrzo boriš protiv umora i svjetovnih misli, umjesto molitve. Kada se umoriš od borbe sa snom, ti ćeš zaspati prije nego to shvatiš.

Umjesto molitve u miru tihe sobe, „U one dane otide on na goru, da se pomoli. Svu noć provede s Bogom u molitvi" (Po Luki 6:12), „U rano jutro, kad je još bilo posve tamno, ustade on, otide van na samotno mjesto, i ondje se je molio" (Po Marku

1:35). U svojoj tavanskoj prostoriji, prorok Daniel imao prozor otvoren prema Jeruzalem i on je kontinuirano klečao tri puta na dan, moleći se i dajući hvalu pred Bogom (Daniel 6:10). Petar je odlazio na krov moliti se (Djela apostolska 10:9), a apostol Pavao je odlazio izvan vrata do rijeke, gdje će mu biti mjesto molitve i molio se na mjestu molitve dok je boravio u Filipima (Djela apostolska 16:13;16). Ti ljudi su odredili određena mjesta za molitvu jer su se željeli moliti iz svog svojeg srca. Ti se moraš moliti na način da tvoja molitva može probiti fokus neprijatelja vraga vladara zraka i biti dostavljena do trona iznad. Samo tada ćeš ti biti ispunjen sa Duhom Svetim, tvoja će iskušenja biti otjerana i ti ćeš primiti odgovore na sve svoje male i velike probleme.

3) Tvoje molitve moraju imati svrhu

Neki ljudi mogu saditi stabla za dobru građu. Drugi mogu saditi stabla zbog plodova. Drugi pak mogu saditi stabla da bi se koristilo drvo u stvaranju prekrasnog vrta. Ako osoba ne sadi stabla bez neke posebne svrhe, prije nego sadnica naraste i ostari on može zanemariti svoje stablo jer je preokupiran sa drugim poslom.

Imati čistu svrhu u svakom pothvatu pokreće taj pothvat i

donose brže, bolje rezultate i ostvarenja. Međutim, bez jasne svrhe pothvat možda neće moći izdržati čak ni malu prepreku jer bez ikakvih smjernica, postoje samo sumnje i odustajanja. Mi moramo imati jasnu svrhu kada se molimo pred Bogom. Obećano nam je primiti od Boga sve što pitamo kada se povjerimo pred Njim (1. Ivanova poslanica 3:21-22) i kada je svrha naše molitve jasna, mi ćemo se moći moliti još revnije i sa većom ustrajnosti. Naš Bog će nam, kada On vidi da nema ništa osuđeno u našim srcima, dati sve što nam treba. Mi moramo uvijek imati na umu svrhu naše molitve i biti u mogućnosti moliti se na način koji je ugodan Bogu.

4) Moraš se moliti sa vjerom

Jer se mjera vjere razlikuje za svaku osobu, svaka osoba će primiti Božje odgovore prema njegovoj ili njenoj vjeri. Kada ljudi prvo prihvate Isusa Krista i otvore svoja srca, Duh Sveti dolazi boraviti u njih i Bog ih zapečati kao Svoju djecu. To je tada kad oni posjeduju vjeru veličine sjemena gorušice.

Kako oni drže Gospodov Dan svetim i nastavljaju se moliti, trude se držati Božje zapovijedi i žive prema Njegovoj Riječi, njihova vjera će rasti. Međutim, kada se oni suoče sa iskušenjima i patnjama prije nego budu stajali na čvrstom kamenu vjere, oni bi mogli ispitivati Božju moć i postati obeshrabreni s vremena na vrijeme. Međutim, jednom kad stoje na kamenu vjere, oni neće pasti ni u kakvim okolnostima nego gledati na Boga u vjeri i nastaviti se moliti. Bog vidi takvu vjeru i On će raditi za dobro onih koji Ga vole.

Kako oni grade molitvu na molitvu, sa moći odozgor oni će se boriti protiv grijeha i sličiti našem Gospodu. Oni će imati jasnu ideju o volji Gospoda i slušati će ju. To je volja koja je ugodna Bogu i oni će dobiti sve što pitaju. Kako ljudi dolaze do ove mjere vjere oni će iskusiti obećanje koje se nalazi u Marku 16:17-18 govori, „One, koji vjeruju, pratit će ova čudesa: u moje ime izgonit će đavle, govorit će novim jezicima, uzimat će zmije u ruke. I ako otrov smrtonosan popiju, neće im nauditi. Na bolesnike metat će ruke, i oni će ozdravljati." Ljudi velike vjere će primiti odgovore prema svojoj vjeri, a ljudi sa malom vjerom će također primiti odgovore prema svojoj vjeri.

Postoji, „sebična vjera" koji dobiješ sam, i „Bogom dana vjera." „Sebična vjera" nije u skladu sa djelima, ali Bogom dana vjera je duhovna vjera koju uvijek prate djela. Biblija nam govori da je vjera uvjerenje stvari o kojima se nadamo, (Poslanica Hebrejima 11:1), ali „sebična vjera" ne postaje sigurnost. Čak i ako osoba posjeduje vjeru za razdvojiti Crveno more i pomicati planine, sa „sebičnom vjerom," on nema sigurnost Božjih odgovora.

Bog nam daje „živu vjeru" koja je popraćena sa djelima kada mi, prema našom vjerom u Njega, slušamo, pokazujemo našu vjeru sa djelima i molimo. Kada Mu mi pokažemo vjeru koju posjedujemo, ta vjera će se kombinirati sa „živom vjerom" koju On dodaje u nas, koja će dalje postati velika vjera sa kojom mi možemo primiti Božje odgovore bez kašnjenja. S vremena na vrijeme ljudi iskuse neporecivu sigurnost Njegovih odgovora. To je vjera koju im je Bog da i ako ljudi posjeduju takvu vjeru, oni su već primili svoje odgovore.

Prema tome, bez imalo sumnje, mi moramo staviti naše povjerenje u obećanje koje nam je Isus dao po Marku 11:24, „Zato vam kažem, u molitvi možete zaželjeti, bilo štogod. Vjerujte samo, da ćete primiti, i bit će vam." I mi se moramo moliti dok ne postanemo sigurni u Božje odgovore i primimo sve što pitamo u molitvama (Po Mateju 21:22).

5) Moraš se moliti u ljubavi

Poslanica Hebrejima 11:6 govori, „A bez vjere nije moguće ugoditi Bogu; jer onaj, koji hoće da dođe k Bogu, valja da vjeruje, da ima Bog i da plaća onima, koji ga traže." Ako mi vjerujemo da će sve naše molitve biti odgovorene i mi skladištimo naše nebeske nagrade, mi nećemo misliti da je molitva teška ili naporna.

Baš kao što se Isus hrvao u molitvama da bi dao čovječanstvu život, ako se mi molimo sa ljubavi za druge duše, mi se također možemo iskreno moliti. Ako se ti možeš moliti sa iskrenom ljubavi za druge, to znači da ti možeš staviti sebe u cipele drugih i vidjeti njihove probleme kao svoje, prema tome još se vatrenije moliti.

Na primjer, pretpostavimo da se ti moliš za izgradnju svojeg crkvenog svetišta. Ti se moraš moliti sa istim srcem sa kojim bi se molio za izgradnju vlastite kuće. Baš kao što bi pitao u detalje za zemlju, radnike, materijale i slično za svoju kuću, ti tako moraš pitati u detalje za svaki element i faktor koji je potreban za izgradnju svetišta. Ako se moliš za pacijenta, ti se moraš staviti u njegove cipele i hrvati se u molitvi sa svim svojim srcem kao da su njegova bol i patnja tvoja vlastita.

Da bi ostvario Božju volju, Isus je iz navike klečao i hrvao se u moliti u Svojoj ljubavi za Boga i Svojoj ljubavi za svo čovječanstvo. Kao rezultat, put spasenja se otvara i svakome tko prihvati Isusa Krista mogu biti oprošteni grijesi i može uživati u autoritetu koji je dobio kao dijete Boga.

Bazirano na tome kako se Isus molio i osnove o vrsti molitve sa kojom je Bog zadovoljan, mi moramo ispitati naš stav i srce, moliti se sa stavom i srcem koje je ugodno Bogu i primiti od Njega sve što pitamo u molitvama.

Poglavlje 4

Da ne upadneš u iskušenje

Tada dođe k učenicima svojim
i nađe ih gdje spavaju.
Reče Petru:
„Zar nijeste mogli
jednu uru probdjeti s menom?
Bdijte i molite se,
da ne padnete u napast;
jer je duh voljan, ali je tijelo slabo."

(Po Mateju 26:40-41)

1. Molitveni život: Naš duhovni dah

Naš Bog je živ, nadgleda čovjekov život, smrt, kletve, blagoslove, ljubav, pravdu i dobrotu. On ne želi da Njegova djeca padnu u iskušenja ili se susretnu s patnjama nego da vode život ispunjen blagoslovima. Zato je On poslao na zemlju Duh Sveti Savjetnik koji će pomoći Njegovoj djeci prevladati ovaj svijet, otjerati neprijatelja vrata, voditi zdrav i radostan život i doći do spasenja.

Bog nam je obećao u Jeremiji 29-11-12, „'Jer ja znam, koje misli nosim za vas', govori Gospod: 'Odluke su na spasenje, a ne na nesreću, da vam dadnem budućnost punu ufanja.' Kad me zazovete i idete i pomolite se meni, uslišit ću vas."

Ako želimo živjeti ovaj život u miru i nadi, mi se moramo moliti. Ako se kontinuirano molimo tijekom naših života u Kristu, mi nećemo biti u iskušenju, naše će duše uspijevati, ono što se čini „nemoguće" će postati „moguće," svaka stvar u životu će dobro ići i mi ćemo uživati u dobrom zdravlju. Ipak, ako se Božja djeca ne mole, jer se naš neprijatelj vrag šulja uokolo kao ričuči lav koji traži nekoga za proždrijeti, mi ćemo se susretati sa iskušenjima i susresti katastrofe.

Baš kao što život nestane ako mi ne dišemo svaki dan, važnost molitve u životima Božje djece se ne može dovoljno naglasiti. Zato nam je Bog zapovjedio da se molimo bez prestanka (1. poslanica Solunjanima 5:17), podsjeća nas da je propuštanje molitve grijeh (1. Samuelova 12:23) i uči nas da je molitva put ne padanja u iskušenja (Po Mateju 26:41).

Novi vjernici koji su nedavno prihvatili Isusa Krista prvi puta molitvu pronalaze teškom jer ne znaju kako se moliti. Naš mrtvi duh je preporođen kada mi prihvatimo Isusa Krista i primimo Duh Sveti. Duhovna sposobnost u to vrijeme je ono novorođenčeta; teško je moliti se.

Međutim, ako oni ne odustanu nego se nastave moliti i činiti kruh Božje Riječi, njihov duh će postati osnažen i njihove će molitve postati bogatije. Baš kao što ljudi ne mogu živjeti bez disanja, oni počinju shvaćati da ne mogu živjeti bez molitve.

U mojem djetinjstvu, bilo je djece koja su se međusobno natjecala da bi vidjeli tko može držati dah najduže. Dvoje djece bi se natjecalo i udahnuli bi duboko. Kada bi drugo dijete viknuo „Spremni~" dvoje djece bi udahnulo najviše što mogu. Kada „sudac" vikne „Počni!" sa izrazima lica punim odlučnosti, dvije djece bi počelo držati dah.

Na početku, držati dah nije problem. Međutim, kako malo

vremena prođe, djeca se osjećaju gušeno dok njihova lica postaju crvena. Na kraju, oni nisu u mogućnosti više držati dah i oni su primorani udahnuti. Nitko ne može preživjeti ako njegovo disanje prestane.

Isto je sa molitvom. Kada se duhovna osoba prestane moliti, on ne primijeti preveliku promjenu na početku. Međutim, kako vrijeme prolazi, njegovo se srce počinje osjećati obeshrabreno i pogođeno. Ako bismo mogli vidjeti njegov duh sa našim očima, taj duh bi mogao biti blizu gušenja. Ako on shvati da je to sve zato što se prestao moliti i nastavi moliti, on može ponovno voditi normalan život u Kristu. Ipak, ako on nastavi činiti grijeh ne moljenja, njegovo srce će se osjećati jadno i očajno i on će trpiti kako mnogi aspekti njegova života idu u krivom smjeru.

„Uzeti predah" od molitve nije volja Boga. Baš kao što mi dašćemo prije nego nam se dah vrati u normalu, vraćanje normalnog molitvenog života prošlosti je teže i uzima puno više vremena. Što je veći „predah" to duže traje obnavljanje našeg molitvenog života.

Ljudi koji shvate da je molitva dah njihova duha ne smatraju molitvu teškom. Ako su se oni mole iz navike na način kao što je disanje navika, umjesto da molitvu smatraju napornom ili teškom, oni postaju mirniji, ispunjeniji sa nadom i radosniji u životu nego kad ne mole. To je zbog toga što oni prime Božje odgovore i daju Mu slavu koliko god se mole.

2. Razlog zašto iskušenja dolaze do ljudi koji se ne mole

Isus je postavio primjer molitve i rekao Svojim učenicima da gledaju i mole se tako da ne bi pali u iskušenja (Po Mateju 26:41). U suprotnom, to znači da ako se mi ne molimo kontinuirano, mi ćemo pasti u iskušenja. Zašto, onda, iskušenja dolaze do onih ljudi koji se ne mole?

Bog je stvorio prvog čovjeka Adama, učinio ga živim bićem i dozvolio mu komunicirati sa Bogom koji je Duh. Nakon što je Adam jeo sa stabla spoznaje dobra i zla i nije poslušao Boga, Adamov duh je umro, njegova komunikacija sa Bogom je prekinuta i on je otjeran iz Edenskog vrta. Kako je neprijatelj vrag, vladar kraljevstva zraka, preoteo kontrolu čovjeka koji više nije mogao komunicirati sa Bogom koji je Duh, čovjek je postupno postao sve više uronjen u grijeh.

Jer je plaća za grijehe smrti (Poslanica Rimljanima 6:26), Bog je otkrio Svoju providnost spasenja kroz Isusa Krista za svo čovječanstvo koje je bilo osuđeno na smrt. Bog zapečati kao

Svoju djecu svakoga koji prihvati Isusa kao svojeg Spasitelja, ispovijedi da je grešnik i pokaje se, a kao znak uvjerenja Bog mu daje Duh Sveti.

Duh Sveti Savjetnik kojeg je Bog poslao da sudi krivnju u odnosu na grijeh i pravednost i sud (Po Ivanu 16:8), posreduje sa nama sa jecajima koje riječi ne mogu izraziti (Poslanica Rimljanima 8:26) i omogućuje nam prevladati svijet.

Da bi mi bili ispunjeni sa Duhom Svetim i primili Njegovo vodstvo, molitva je apsolutno potrebna. Samo kada se molimo Duh Sveti će pričati sa nama, poticati naša srca i umove, upozoravati nas na nadolazeća iskušenja, govoriti nam načine izbjegavanja tih iskušenja i pomoći nam prevladati iskušenja čak i ako su došle na naš put.

Međutim, bez molitve nema načina razabiranja volje Boga od volje čovjeka. U potjeri za svjetovnim dobrima, ljudi bez rutine molitvenog života će živjeti prema svojim navikama i progoniti ono što je ispravno prema njihovoj samo pravednosti. Prema tome, iskušenja i patnje su nanesena dok se oni susreću sa svakakvim vrstama iskušenja.

Jakovljeva poslanica 1:13-15 govori, „Ni jedan, kad se kuša, neka ne kaže, da je od Boga kušan, jer Bog ne može biti kušan na zlo, a on ne kuša nikoga. Nego svakoga kuša vlastita požuda, koja ga vuče i mami. Tada začevši požuda rađa grijeh, a grijeh izvršen rađa smrt."

Drugim riječima, iskušenja dolaze do ljudi koji se ne mole jer oni ne uspijevaju razabrati volju Boga od volje čovjeka, postaju pomamljeni sa svojim svjetovnim željama i pate od poteškoća jer oni nisu u mogućnosti prevladati iskušenja. Bog želi da sva Njegova djeca nauče biti zadovoljan sa bilo kakvim okolnostima, spoznaju što znači biti u potrebi i što znači imati svega, naučiti tajnu biti zadovoljan u svakoj situaciji, bilo nahranjen ili gladan, živjeti u obilju ili u potrebi (Poslanica Filipljanima 4:11-12).

Međutim, jer svjetovne želje začmu i rode grijeh i plaće za grijeh je smrt, Bog ne može zaštiti ljude koji su počinili grijeh. Koliko god su ljudi griješili, neprijatelj vrag im donosi mnogo puta iskušenja i patnje. Neki ljudi koji su pali u iskušenja razočaraju Boga tvrdeći da ih je On bacio u iskušenje i gurnuo ih u patnju. Međutim, to je djelo kivnosti protiv Boga i takva osoba ne može prevladati iskušenja i ne ostavlja mjesta za Boga da bi radio za njihovo dobro.

Prema tome, Bog nam zapovijeda da uništimo spekulacije i svaku stvar koja se podigne protiv znanja Boga i da držimo svaku misao zarobljenu u poslušnosti prema Kristu (2. Poslanica Korinćanima 10:5). I On nas je prisjetio u Poslanici Rimljanima

8:6-7, „Jer mudrost tijela smrt je, a mudrost Duha život je i mir, Jer mudrost tijela neprijateljstvo je Bogu, jer se ne pokorava zakonu Božjemu, a niti može, a koji su u tijelu, ne mogu ugoditi Bogu."

Većina informacija koje smo naučili i uskladištili u našem umu kao „točno" prije susreta sa Bogom je lažna u svjetlu istini. Pa, mi možemo potpuno slijediti volju Boga kada mi uništimo sve teorije i tjelesne misli. Nadalje, ako mi želimo uništiti argumente i sve pretenzije i slušati istinu, mi se moramo moliti.

S vremena na vrijeme, Bog ljubavi ispravlja Svoju voljenu djecu tako da oni ne idu putem uništenja i dopušta im iskušenja tako da se oni mogu pokajati i okrenuti od svojih putova. Kada se ljudi provjeravaju i pokaju od svega unutar njih što nije ispravno u Božjem vidu, nastave se molili, gledaju u Jednog koji je u svim stvarima koji radi za dobro onih koji Ga vole i uvijek se raduju, Bog će vidjeti njihovu vjeru i zasigurno će im odgovoriti.

3. Duh je voljan ali tijelo je slabo

Noć prije nego je On uzeo križ, Isus je otišao sa Svojim učenicima do mjesta zvano Maslinska gora i hrvao se u molitvi.

Kada je On pronašao svoje učenike kako spavaju, Isus je naricao i govorio, „Duh je voljan ali tijelo je slabo" (Po Mateju 26:41).

U Bibliji postoje takvi izrazi kao „tijelo," „stvari tijela," i „djela tijela." U jednu ruku, „tijelo" je suprotno od „duha" i generalno se odnosi na sve što je kvarljivo i promijenjivo. To se odnosi na svako stvorenje, uključujući i čovjeka prije nego se promijenio sa istinom, biljke, sve životinje i slično. U drugu ruku, „duh" se odnosi na stvari koje su vječne, istinite i nepromjenjive.

Od Adamovog neposluha, svi ljudi i žene su rođeni sa naslijeđenom grešnom prirodom i to je izvorni grijeh. „Samo počinjen grijeh" je neistinito djelo koje je počinjeno na poticaj neprijatelja vraga. Čovjek je postao „tijelo" kada je neistina ukaljala njegovo tijelo i tijelo je kombinirano sa grešnom naravi. Zato Poslanica Rimljanima 9:8 spominje „djecu tijela." Stih kaže, „To jest, nijesu ono djeca Božja, što su po tijelu djeca, nego djeca obećanja računaju se u potomstvo." I Poslanica Rimljanima 13:14 nas upozorava, „Nego se obucite u Gospodina Isusa Krista, i ne brinite se za tijelo, da ugodite njegovim požudama!"

Nadalje „stvari tijela" su asortiman raznih grešnih atributa kao prevara, zavist, ljubomora i mržnja (Poslanica Rimljanima

8:5-8). Oni još nisu djelovali fizički ali oni će uskoro djelovati u djelima. Kada su te želje stavljene u djela, onda se to odnosi kao „djela tijela" (Poslanica Galaćanima 5:19-21).

Što je Isus mislio sa „tijelo je slabo"? Je li on mislio na fizičko stanje Njegovih učenika? Bivši ribari, Petar, Jakov i Ivan su bili ljudi na vrhuncu života i snažnog dobrog zdravlja. Za ljude koji su proveli mnoge noći u ribarenju, ostati budan nekoliko sati preko noći ne bi trebao biti veliki problem. Međutim, čak i nakon što im je Isus rekao da ostanu budni i da drže stražu sa Njim, trojica učenika nisu mogla ostati budna i zaspali su. Oni su možda otišli na Maslinsku goru moliti se sa Isusom, ali ta želja je bila samo u njihovom srcu. Umjesto toga, kada im je Isus rekao da je tijelo „slabo," On je mislio da njih trojica nisu mogli odbaciti požudu tijela koja ih je potaknula na spavanje.

Petar koji je bio jedan od Isusovih voljenih učenika nije se mogao oduprijeti jer je njegovo tijelo slabo iako je duh voljan i kada je Isus bio zarobljen i njegov je život bio ugrožen, on je tri puta negirao da zna Isusa. Ovo se dogodilo prije Isusova uskrsnuća i uzašašća na nebo i Petar je bio zarobljen u dubokom strahu bez da je primio Duh Sveti. Međutim, nakon što je Petar primio Duh Sveti, on je vraćao mrtve u život, prikazivao veličanstvene znakove i djela i rastao u hrabrosti dovoljno da bude razapet naopako. Znakovi Petrove slabosti se nisu mogli nigdje naći i on je pretvoren u hrabrog apostola Božje moći koji se nije bojao smrti. To je zato što je Isus prolio Svoju prevrijednu, neokaljanu i nevinu krv i iskupio nas od naših nesigurnosti, siromaštva i slabosti. Ako mi živimo prema vjeri, u poslušnosti sa Riječi Boga, mi ćemo uživati u dobrom zdravlju u tijelu i duhu i mi ćemo moći činiti što je nemoguće za čovjeka i sve će biti moguće za nas.

S vremena na vrijeme, neki ljudi čine grijehe, međutim, umjesto da se pokaju svojih grijeha, oni su brzi u govoru „Tijelo je slabo" i misle da je prirodno griješiti. Takvi ljudi govore takve riječi jer nisu svjesni istine. Pretpostavimo da je otac dao sinu 1000$. Kako bi smiješno bilo kad bi sin stavio novac u svoj džep i rekao svom ovu, „Nemam ništa novca; čak ni novčića"? Kako bi frustrirajuće bilo za oca ako njegov sin – još uvijek ima 1000$ u svojem džepu – gladuje bez da kupi išta hrane? Prema tome, za one koji su primili Duh Sveti, „Tijelo je slabo" je oksimoron.

Ja sam vidio mnoge ljude koji su išli u krevet u 10 sati navečer, a sada posjećuju „Cjelonoćnu službu petkom" nakon molitve i primanja pomoći Duha Svetog. Oni se ne umaraju ili su pospani i daju svaku noć petkom Bogu u punoći Duha Svetog. To je zato što, u punoći Duha Svetog, ljudske duhovne oči su postale oštrije, njihova srca se prelijevaju sa radosti, oni ne osjećaju umor i njihova tijela se osjećaju lakšima.

Jer mi živimo u eri Duha Svetog, mi nikad ne smijemo prestati moliti ili počiniti grijeh jer je „tijelo slabo." Umjesto toga, držeći sebe na oprezu i kontinuirano se moleći, mi moramo primiti pomoć Duha Svetog i odbaciti stvari i djela tijela i slično i marljivo voditi naše živote u Kristu tako da uvijek živimo prema Božjoj volji za nas.

4. Blagoslovi za ljude koji se drže na oprezu i mole se

1. Petrova poslanica 5:8-9 kaže, „Budite trijezni i bdijte. Jer protivnik vaš, đavao, kao lav ričući obilazi i traži, koga da proždere. Njemu se oduprite tvrdi u vjeri i znajte, da iste muke podnose vaša braća u svijetu!" Neprijatelj Sotona i vrag, vladari kraljevstva zraka, žude potaknuti vjernike Boga da zastrane i spriječiti Njegove ljude u posjedovanju vjere u svakoj prilici.

Ako netko želi iskorijeniti stablo, on će ga prvo probati protresti. Ako je deblo veliko i debelo, te je stablo duboko ukorijenjeno, on će odustati i protresti drugo drvo. Kada se čini da se drugo stablo može iskorijeniti lakše nego prvo, on će postati još odlučniji i tresti stablo još jače. Na isti način, neprijatelj vrag koji nas traži potaknuti on će biti otjeran ako mi ostanemo čvrsti. Međutim, ako smo i malo potreseni, neprijatelj vrag će nastaviti donositi iskušenja da bi nas srušio.

Da bismo razabrali i uništili planove neprijatelja vraga i hodali u svjetlu živeći prema Riječi Boga, mi se moramo hrvati u molitvi i primiti Bogom danu snagu i moć od iznad. Isus, jedan i jedini Sin Boga je mogao ostvariti sve prema volji Boga zbog moći molitve. Prije nego je On počeo Svoje javno svećeništvo, Isus Se pripremio posteći četrdeset dana i četrdeset noći i kroz Njegovo trogodišnje svećeništvo On je prikazao veličanstven rad Božje moći moleći se iz navike i kontinuirano. Na kraju Njegovoj javnog svećeništva, Isus je mogao uništiti autoritet smrti i prevladati kroz uskrsnuće jer se On hrva u molitvi na Maslinskoj gori. Zato nas naš Gospod potiče „Ustrajte u molitvi, bdijte u njoj sa zahvaljivanjem" (Poslanica Kološanima 4:2) i „A svemu se je kraj približio Budite dakle mudri i budni u molitvama" (1. Petrova poslanica 4:7). On nas je također naučio moliti „I ne uvedi nas u napast, nego izbavi nas od zla" (Po Mateju 6:13). Sprječavati se od pada u iskušenje je jako važno. Ako padneš u iskušenje, to znači da ti nisi to prevladao, postaješ umoran i smanjuješ se u vjeri – s nijednim Bog nije zadovoljan.

Kada mi držimo sebe na oprezu i molimo se, Duh Sveti nas uči hodati na pravom putu i mi se borimo protiv i odbacujemo naše grijehe. Nadalje, koliko god naše duše uspijevaju, naša srca će sličiti našem Gospodu, mi ćemo biti dobro u svakom aspektu života i mi ćemo primiti blagoslove dobrog zdravlja.

Molitva je ključ da sve u našim životima ide dobro i primanja blagoslova dobrog zdravlja u tijelu i duhu. Nama je obećano u 1. Ivnovoj poslanica 5:18, „Znamo, da ni jedan, koji je rođen od Boga, ne griješi; nego koji je rođen od Boga, čuva se, i zli ga se ne dotiče." Zato je kad se mi držimo na oprezu, molimo se i hodamo u svjetlu mi ćemo biti sigurni od neprijatelja vraga, te čak i ako padnemo u iskušenja, Bog će nam pokazati put izlaza i u svim stvarima raditi za dobro onih koji Ga vole.

Jer nam je Bog rekao da se kontinuirano molimo, mi moramo postati Njegova blagoslovljena djeca koja vode naše živote u Kristu držeći se na oprezu, tjerajući neprijatelja vraga i primajući sve sa čim nas Bog namjerava blagosloviti.

U 1. Poslanici Solunjanima 5:23 pronalazimo, „A sam Bog mira neka vas posveti u punoj mjeri; neka se vaš duh, vaša duša i vaše tijelo posve bez prijekora sačuva za dolaska Gospodina našega Isusa Krista."

Neka svatko od vas primi pomoć Duha Svetog držeći se na

oprezu i moleći se iz navike, posjeduje nevino i neokaljano srce kao dijete Boga odbacujući svu grešnu narav unutar sebe i obrezujući svoje srce sa Duhom Svetim, uživaju autoritet kao Njegovo dijete u kojem vaša duša uspijeva, sve će u vašem životu uspjeti i primiti ćete blagoslove dobrog zdravlja i dati hvalu Bogu u svemu što činiš, u ime našeg Gospoda Isusa Krista ja se molim!

Poglavlje 5

Molitva pravednog čovjeka

Efektivna molitva pravednog čovjeka
mnogo postiže
Ilija je bio čovjek podvrgnut patnji kao i mi
i vruće se je molio, da ne bude dažda
i ne udari dažd na zemlji za tri godine i šest mjeseci.
I opet se je pomolio,
i nebo dade dažd, i zemlja iznese rod svoj.

(Jakovljaeva poslanica 5:16-18)

1. Molitva vjere koja liječi bolesne

Kada mi pogledamo na naše živote, bilo je vremena kada smo se mi molili usred patnji i vremena kada smo mi hvalili i radovali se nakon primanja Božjeg odgovora. Bilo je vremena kada smo se mi molili sa drugima za ozdravljenje naših voljenih i vremena kada smo davali slavu Bogu nakon ostvarenja molitvom što je bilo moguće za čovjeka.

Pronađeno u Poslanici Hebrejima 11 postoje mnoge reference prema vjeri. Mi smo podsjećeni u Stihu 1 da, „A vjera je tvrdo pouzdanje u ono, čemu se nadamo, osvjedočenje o onom, što ne vidimo," dok „A bez vjere nije moguće ugoditi Bogu; jer onaj, koji hoće da dođe k Bogu, valja da vjeruje, da ima Bog i da plaća onima, koji ga traže" (Stih 6).

Vjera je prvenstveno podijeljena u „tjelesnu vjeru" i „duhovnu vjeru." U jednu ruku, tjelesnom vjerom mi možemo vjerovati u Božju Riječ samo kada je Riječ u sukladnosti sa našim mislima. Ta tjelesna vjera ne donosi nikakve promijene našim životima. U drugu ruku, sa duhovnom vjerom, mi možemo vjerovati u moć živog Boga i u Njegovu Riječ kakva je čak i ako se ne slaže sa našim mislima i teorijama. Kako mi vjerujemo u rad Boga koji stvara stvari ih ničega, mi iskusimo opipljive promijene u našim životima kao i Njegove veličanstvene znakove i čuda i vjerujemo da je sve uistinu moguće za one koji vjeruju.

Zato nam je Isus rekao „One, koji vjeruju, pratit će ova čudesa: 'U moje ime izgonit će đavle, govorit će novim jezicima, uzimat će zmije u ruke. I ako otrov smrtonosan popiju, neće im nauditi. Na bolesnike metat će ruke, i oni će ozdravljati'" (Po Marku 16:17-18), „Što se tiče mogućnosti, sve je moguće onome, koji vjeruje" (Po Marku 9:23) i da „Zato vam kažem: U molitvi možete zaželjeti, bilo štogod. Vjerujte samo, da ćete primiti, i bit će vam" (Po Marku 11:24).

Sada, možemo li mi posjedovati duhovnu vjeru i imati iskustvo iz prve ruke o Božjoj velikoj moći? Iznad sveg ostalog, mi moramo zapamtiti da je apostol Pavao rekao u 2. Poslanici Korinćanima 10:5, „I svaku visost, koja se podiže proti spoznaji Božjoj, i zarobljujemo svaki razum za pokornost Kristu." Mi više ne smijemo smatrati točnim znanje koje smo skupili do ove točke. Umjesto toga, mi moramo uništiti svake misli i teorije koje krše Božju Riječ, učiniti sebe poslušnima prema Njegovoj riječi, istini, te živjeti prema njoj. Koliko god uništimo tjelesne misli i odbacimo neistine unutar sebe, naše duše će uspijevati i mi ćemo imati duhovnu vjeru sa kojom mi možemo vjerovati.

Duhovna vjera je mjera vjere Boga koju je dao svakom od nas (Poslanica Rimljanima 12:3). Nakon što nam je propovijedano evanđelje i kad smo na početku prihvatili Isusa Krista, naša vjera je mala kao sjeme gorušice. Kako mi marljivo posjećujemo misne svečanosti, slušamo Riječ Boga i živimo prema njoj, mi postajemo sve više pravedni. Nadalje, naša vjera raste u veliku vjeru, znakovi koji prate one koji vjeruju će zasigurno pratiti i nas.

U molitvi za ozdravljenje bolesnih, mora biti utkana u tu molitvu duhovna vjera onih koji se mole. Jer je centurion – čiji sluga je paraliziran i strašno je patio – istaknut u Mateju 8 imao vjere sa kojom je vjerovao da će Isus ozdraviti njegovog slugu samo sa riječi, njegov je sluga ozdravljen taj isti sat (Po Mateju 8:5-13).

Nadalje, ako se mi molimo za bolesnike, mi moramo biti hrabri u našoj vjeri i nemati sumnji jer, kao što nam Božja Riječ kaže, „Ali neka ište s vjerom, ne sumnjajući ništa; jer tko sumnja, sličan je morskomu valu, koji vjetar podiže i goni. Takav čovjek neka ne misli, da će primiti što od Gospodina" (Jakovljeva poslanica 1:6-7).

Bog je zadovoljan sa snažnom i čvrstom vjerom koja se ne miče naprijed i nazad i kada se mi ujedinimo u ljubavi i molimo za bolesnika sa vjerom, Bog će raditi još više. Jer je bolest rezultat grijeha i Bog je GOSPOD nas Ozdravitelj (Izlazak 15:26), kada mi ispovjedimo naše grijehe jedan drugome i molimo se za jedan drugog, Bog će nam dati oprost i ozdravljenje.

Kada se ti moliš sa duhovnom vjerom i duhovnom ljubavi, ti ćeš iskusiti Božji veliki rad, svjedočiti ljubavi našeg Gospoda i slaviti Ga.

2. Moćna i efektivana je molitva pravednog čovjeka

Merriam-Webster online rječnik definira „pravedan" kao „djelovati prema božanskom ili moralnom zakonu: slobodan od krivnje ili grijeha." Ali Poslanica Rimljanima 3:10 kaže, „Nema pravedna, nema nijednoga;" A Bog kaže, „Jer pred Bogom nijesu pravedni oni, koji slušaju zakon, nego će se oni proglasiti pravedni" (Poslanica Rimljanima 2:13), i „Jer se djelima zakona neće opravdati ni jedan čovjek pred njim, jer po zakonu dolazi poznanje grijeha" (Poslanica Rimljanima 3:20).

Grijeh je ušao u svijet kroz neposluh Adama prvog stvorenoga čovjeka i nebrojeni su ljudi došli do osude kroz grijeh jednog čovjeka (Poslanica Rimljanima 5:12, 18). Čovječanstvo koje je palo iz Njegove slave, osim Zakon, provodnost Boga je bila prikazana i čak pravednost Boga dolazi kroz vjeru u Isusa Krista za sve one koji vjeruju (Poslanica Rimljanima 3:21-23).

Jer svjetska „pravednost" varira o vrijednostima svake generacije, to ne može biti pravi standard pravednosti.

Međutim, jer se Bog nikad ne mijenja, Njegova pravednost može biti standard prave pravednosti.

Prema tome, u Poslanici Rimljanima 3:28 piše „Jer sudimo, da se čovjek opravdava vjerom bez djela zakona." Ali, mi ne poništavamo zakon sa našom vjerom nego ga utvrđujemo (Poslanica Rimljanima 3:31).

Ako mi postanemo opravdani sa vjerom, mi moramo roditi plodove dolaska do svetosti tako da smo oslobođeni od grijeha i postali smo robovi Bogu. Mi moramo pokušavati postati stvarno pravedni odbacujući sve neistine koje krše Riječ Boga i živjeti prema Njegovoj riječi koja je sama istina.

Bog proglašava ljude „pravednima" čija je vjera popraćena sa djelima i one koji se pate živjeti prema Njegovoj Riječi iz dana u dan i prikazuje Svoj rad u odgovoru na njihove molitve. Kako bi Bog mogao odgovoriti nekome tko posjećuje crkvu ali je sagradio zid grijeha između sebe i Boga, kroz neposluh prema njegovim roditeljima, svađi sa svojom braćom i počinjenju nedjela?

Bog čini molitvu pravednog čovjeka – onaj koji sluša i živi prema Riječi Boga i nosi sa sobom dokaz svoje ljubavi za Boga – moćnim i efektivnim dajući mu snagu molitve.

Po Luki 18:1-18 je Prispodoba o upornoj udovici. Prikazuje

udovicu i slučaj koji je dovela pred sudca koji se nije bojao Boga i nije poštivao ljude. Iako se sudac nije bojao Boga niti se brinuo puno za ljude, on je u konačnici završio pomažući udovici. Sudac je sam rekao, „Ne bojim se doduše Boga i ne marim za ljude. Ali jer mi dodijava ova udovica, pomoći ću joj do njezina prava; inače doći će mi napokon i udarit će me po licu." Na kraju prispodobe Isus je rekao „Čujte, što govori nepravedni sudac! A Bog izabranima svojim, koji dan i noć vapiju k njemu, da ne pomogne do njihovih prava, da ih pusti čekati? Kažem vam, brzo će im pribaviti pravo" (Po Luki 18:7-8)

Međutim, kad mi pogledamo uokolo, postoje ljudi koji ispovijedaju da su Božja djeca, mole se dan i noć i često poste, a ipak ne primaju Njegove odgovore. Takve osobe moraju shvatiti da još uvijek nisu postali pravedni u Božjim očima.

Poslanica Filipljanima 4:6-7 nam govori, „Ne brinite se tjeskobno ni za što, nego u svemu molitvom i prošnjom sa zahvalom neka se javljaju Bogu potrebe vaše. I mir Božji, koji nadilazi svaki um, čuvat će srca vaša i misli vaše u Kristu Isusu" Ovisno o tome koliko je čovjek postalo „pravedan" u Božjem vidu i moli se sa vjerom i u ljubavi, stupanj u kojem će on primiti Božje odgovore će se razlikovati. Nakon što je on susreo kvalifikacije kao pravedan čovjek i moli se, on možemo primiti Božje odgovore brzo i dati Mu hvalu. Prema tome, od presudne je važnosti za ljude da sruše zid grijeha koji stoji na putu do Boga, počnu posjedovati kvalifikacije biti proglašen „pravednim" u Božjim očima i iskreno se moliti sa vjerom i u ljubavi.

3. Dar i moć

„Darovi" su Njegovi pokloni koje Bog voljno daje i odnosi se na socijalni rad Boga u Njegovoj ljubavi. Što se više osoba moli, to će više željeti i pitati za Božji dar. Međutim, s vremenom, on može pitati Boga za darove prema njegovim varljivim željama. To je da bi donio na sebe uništenje i to nije pravedno u Božjim očima, čovjek se mora štititi protiv toga.

U Djelima apostolskim 8 je čarobnjak imenom Simon koji, nakon što je čuo Filipovu propovijed, slijedio Filipa posvuda i bio je oduševljen velikim znakovima i čudima koje je vidio (Stih 9-13). Kada je Simon vidio da je Duh Sveti predan stavljanjem ruku na glavu Petra i Ivana, on je ponudio apostolima novac i pitao ih, „Dajte i meni tu vlast, da kad položim ruke na koga, primi Duha Svetog" (Stih 17-19). U odgovoru, Petar je prekorio Simona: „Novci tvoji neka budu s tobom na propast, što si pomislio, da se dar Božji može dobiti za novce. Nema tebi dijela ni zajednice u ovoj stvari, jer srce tvoje nije pravo pred Bogom.

Okani se pakosti svoje i moli se Gospodinu! Možda će ti on tada još oprostiti pakost srca tvojega. Jer, kako vidim, ti si pun gorke žuči i uhvaćen si od zloće" (Stih 20-23).

Jer je dar dan onima koji pokažu živog Boga i spase čovječanstvo, oni moraju biti prikazani pod nadzorom Duha Svetog. Prema tome, prije nego pitamo Boga za Njegove darove, mi prvo morao pokušavati postati pravedni u njegovim očima.

Nakon što je naša duša uspijevala i mi smo se oblikovali u instrument koji Bog može koristiti, On nam dopušta pitati za dar u inspiraciji Duha Svetog i dati nam dar za koji pitamo.

Mi znamo da je svakog od naših praočeva vjere Bog koristio za niz svrha. Neki su jako prikazali Božju moć, drugi su samo proricali bez prikazivanja Božje moći, a drugi su pak samo učili ljude. Što više oni posjeduju potpunu vjeru i ljubav, Bog im daje veću moć i dozvoljava im prikazati veći rad.

Kada je on živio kao princ Egipta, Mojsijev temperament je bio tako jak i brz da je on u trenutku ubio Egipćanina koji je pogrešno tretirao njegovog sunarodnjaka Izraelca (Izlazak 2:12). Međutim, nakon mnogo iskušenja, Mojsije je postao jako ponizan čovjek, ponizni od bilo koga na licu zemlje i primio je veliku moć. On je izveo Izraelce iz Egipta prikazujući velike znakove i čuda (Brojevi 12:3).

Mi također znamo molitvu proroka Ilije kao što je zapisano u

Jakovljevoj poslanici 5:17-18, „Ilija je bio čovjek podvrgnut patnji kao i mi, i vruće se je molio, da ne bude dažda, i ne udari dažd na zemlji za tri godine i šest mjeseci. I opet se je pomolio, i nebo dade dažd, i zemlja iznese rod svoj."

Kao što smo vidjeli i kao što nam Biblija kaže, molitva pravednog čovjeka je moćna i efektivna. Snaga i moć pravednog čovjeka su istaknute. Dok postoji vrsta molitve sa kojim su ljudi u nemogućnosti primiti Božje odgovore čak i nakon nebrojenih sati molitve, postoji također molitva velike snage koja donosi Njegove odgovore kao i što prikazuje Njegovu moć. Bog je radostan prihvatiti molitve vjere, ljubavi i žrtve i dozvoliti ljudima da Mu daju slavu kroz razne darove i moć koju On daje ljudima.

Međutim, mi nismo bili pravedni od početka; samo nakon što prihvatimo Isusa Krista mi smo postali pravedni sa vjerom. Mi smo postali pravedni koliko smo mi svjesni grijeha slušajući Njegovu Riječ, odbacimo neistine i činimo da naša duša uspijeva. Nadalje, jer ćemo se mi preobraziti u još pravednije ljude kako mi živimo i hodamo u svjetlu i u pravednosti, svaki dan naših života mora Bog promijeniti tako da mi također možemo ispovjediti kao što je to apostol Pavao učinio „Svaki dan umirem" (1. Poslanica Korinćanima 15:31).

Ja te potičem da pogledaš na svoj život do ove točke i pogledaš da li zid stoji na tvojem putu do Boga i ako stoji, sruši ga bez gubljenja vremena.

Neka svatko od vas sluša sa vjerom, žrtvuje u ljubavi i moli kao pravedna osoba tako da ćete biti proglašeni pravednikom, primiti Njegove blagoslove u svemu što činite i dati hvalu Bogu bez suzdržavanja, u ime našeg Gospoda ja se molim!

Poglavlje 6

Velika moć molitve u dogovoru

Nadalje vam kažem:
Ako dvojica od vas na zemlji
jednodušno zamole
što mu drago,
dat će im Otac moj nebeski.
Jer gdje su dvojica ili trojica
skupljena u ime moje,
ondje sam ja među njima.

(Po Mateju 18:19-20)

1. Bog je presretan primiti molitve u dogovoru

Korejska poslovica nam kaže, „Bolje je zajedno podići čak i komad papira." Umjesto da se iziliramo i pokušavamo sve učiniti sami, ova stara poslovica nas uči, efektivnost će rast i bolji rezultati se mogu očekivati kada dvoje ili više ljudi radi skupa. Kršćanstvo to naglašava sa ljubavi za susjeda i crkvena zajednica mora biti dobar primjer u tome.

Propovjednik 4:9-12 nam govori, „Bolje je dvojici nego jednome; jer za trud svoj dobiju dobru plaću. Jer padne li jedan, digne ga opet drug njegov; ali teško jednome, ako padne i nema drugoga, da mu pomogne podići se. Spavaju li dvojica jedan uz drugoga, ugrije jedan drugoga. A kako će se jedan sam ugrijati? Ako tko i može nadjačati jednoga, dvojica će mu odoljeti; a istom trostruka uzica ne trga se tako brzo." Ovi stihovi nas uče da kad se ljudi ujedine i surađuju, velika moć i radost se može stvoriti.

Na isti način, po Mateju 18:19-20 govori nam kako je važno za vjernike da se skupe i mole u sporazumu. Postoji „individualna molitva" kroz koju ljudi mole za svoje vlastite probleme na individualnoj bazi ili se mole dok meditiraju na Riječ u tihim vremenima, a „molitva u sporazumu" kroz koju broj ljudi se skupi da bi zavapio Bogu.

Kao što nam Isus kaže, „Ako dvojica od vas na zemlji" i „Jer gdje su dvojica ili trojica skupljena u ime moje," molitva u dogovoru se odnosi na molitvu mnogih u jednom umu. Bog nam govori da je On radostan prihvatiti molitve u dogovoru i obećava nam da će On učiniti sve što Ga pitamo i biti prisutan kada dvoje ili troje se skupi u ime Gospoda.

Kako mi možemo dati slavu Boga sa odgovorima koje mi primimo od Njega kroz molitvu u dogovoru kod kuće i u crkvi i unutar grupe i ćelije? Uđimo u značajnost i metode molitve u dogovoru i učinimo kruh od ove molitve tako da možemo primiti od Boga sve dok se molimo za Njegovo kraljevstvo, pravednost i crkvu, te veliku slavu za Njega.

2. Značajnost molitve u dogovoru

U prvom od stihova na kojima je ovo poglavlje bazirano, Isus nam govori, „Nadalje vam kažem: Ako dvojica od vas na zemlji jednodušno zamole što mu drago, dat će im Otac moj nebeski" (Po Mateju 18:19). Ovdje možemo pronaći nešto čudno. Umjesto da se odnosi na molitvu „jedne osobe," „tri osobe," ili „dvije ili više ljudi," zašto je Isus posebno rekao, „Ako dvojica od vas na zemlji jednodušno zamole što mu drago" i stavio naglasak na „dvoje" ljudi?

Ovdje „dvojica" znače, u relativnom smislu, svako od nas „Ja" i ostatak ljudi. Drugim riječima „dvojica" se može odnositi na jednu osobu, deset ljudi, stotinu ljudi ili na tisuću ljudi uz dodatak samog sebe.

Što je onda duhovna značajka „dvojice"? Mi imamo naše vlastito „ja" i unutar nas boravi Duh Sveti koji je sam po Sebi zaseban karakter. Poslanica Rimljanima 8:26-27 govori, „A tako i Duh pomaže nam u našoj slabosti; jer ne znamo, za što ćemo se moliti, kao što treba, nego su Duh moli se za nas uzdisanjem neiskazanim," Duh Sveti koji Sam utječe na nas da bi učinio naše srce hramom u kojem boravi.

Mi primamo autoritet na koji imamo pravo kao djeca Boga kada mi prvo vjerujemo u Njega i prihvatimo Isusa kao našeg Spasitelja. Duh Sveti dolazi i oživljava naš duh koji je bio mrtav zbog našeg izvornog grijeha. Prema tome, u svakom Božjem djetetu postoji njegovo vlastito srce i Duh Sveti koji je sam Svoj karakter.

„Dvojica na zemlji" znači molitva u našem vlastitom srcu i molitva našeg duha koje je posredovanje Duha Svetog (1. Poslanica Korinćanima 14:15; Poslanica Rimljanima 8:26). Reći, „dvojica na zemlji jednodušno zamole" znači da su te dvije molitve koje su poslane Bogu u skladu. Nadalje, kada se Duh Sveti pridruži osobi u njegovoj molitvi ili dvoje ili više ljudi u molitvi, to je za vas „dvojicu" na zemlji koji jednodušno zamole.

Sjećajući se značajnosti molitve u dogovoru, mi moramo iskusiti ispunjenje Gospodovog obećanja „Nadalje vam kažem: Ako dvojica od vas na zemlji jednodušno zamole što mu drago, dat će im Otac moj nebeski" (Po Mateju 7:7-11).

3. Metode molitve u dogovoru

Bog je zadovoljan primiti molitve u dogovoru, daje im brzo Svoje odgovore i prikazuje Svoj veliki rad jer Mu se ljudi mole sa jednim srcem.

To će zasigurno biti izvor preobilne radosti, mira i neograničene slave Bogu ako se Sveti Duh i svaki od nas moli sa jednim srcem. Mi ćemo moći spustiti „odgovor vatre" i bezrezervno svjedočiti živog Boga. Ipak, postati „jedno srce" nije lak zadatak i donositi naše srce do dogovora nosi jako značajnu implikaciju.

Pretpostavimo da sluga ima dva gospodara. Ne bi li njegova odanost i srce službe bili prirodno podijeljeni? Problem postaje ozbiljniji ako slugina dva gospodara imaju različite osobnosti i ukuse.

Ponovno, pretpostavimo da se dva čovjeka sastanu i planiraju događaj. Ipak, ako oni ne uspiju biti jedan um i umjesto toga ostanu razdvojeni sa svojim mišljenjima, bilo bi sigurno zaključiti da stvari ne idu dobro. Nadalje, ako njih dvojica rade svoj rad sa dva cilja u srcu, njihovo planiranje se može činiti da ide dobro izvana ali ishod ne može biti očitiji. Prema tome, svojstvo biti jednog srca bilo da se sami molimo, molimo sa drugom osobom, sa dvije ili više ljudi je ključ primanja Božjih odgovora.

Kako onda mi možemo biti jedno srce u molitvi?

Ljudi koji mole u dogovoru moraju se moliti u inspiraciji Duha Svetog, biti preuzet sa Duhom Svetim, postati jedno u Duhu Svetom i moliti se u Duhu Svetom (Poslanica Efežanima 6:18). Jer Duh Sveti nosi sa Sobom um Boga, On traži sve stvari, čak i dubine Boga (1. Poslanica Korinćanima 2:10) i posreduje za nas prema volji Boga (Poslanica Rimljanima 8:27). Kada se mi molimo tako da Duh Sveti vodi naš um, Bog je zadovoljan prihvatiti našu molitvu, daje nam sve što pitamo i daje nam odgovore na želje u našem srcu.

Da bismo molili u punoći Duha Svetog, mi moramo vjerovati u Božju Riječ bez sumnje, slušati istinu, uvijek biti radosni, kontinuirano se moliti i davati hvalu u svim okolnostima. Također moramo iz srca zazivati Boga. Kada mi pokažemo Bogu vjeru koja je popraćena sa djelima i hrvanjem u molitvi, Bog je zadovoljan i daje nam radost kroz Duha Svetog. To znači biti „ispunjen" i „inspiriran" Duhom Svetim.

Neki novi vjernici ili oni koji se nisu molili redovno nisu primili moć molitve i prema tome oni pronalaze molitvu u sporazumu teškom i tegobnom. Ako se takva osoba pokuša moliti sat vremena, oni pokušavaju svakakve teme molitvi ali se ne mogu moliti puni sat. Oni su iscrpljeni i umorni, nervozno čekaju da vrijeme brzo prođe i završe žamoriti u molitvi. Takva molitva je „molitva duše" na koju Bog ne može odgovoriti.

Za mnoge ljude, iako su oni posjećivati crkvu više od desetljeća, njihove molitve su još uvijek molitve duše. Za većinu ljudi koji prigovaraju ili postanu obeshrabreni zbog manjka Božjih odgovora ne mogu primiti Njegove odgovore jer je njihova molitva molitva duše. Ipak, to ne znači da je Bog okrenuo Svoja leđa njihovoj molitvi. Bog čuje njihove molitve; On samo ne može odgovoriti na njih.

Neki mogu reći, „Zar to znači da je bezvrijedno moliti se pošto se molimo bez inspiracije Duha Svetog?" Međutim, to nije slučaj. Čak i ako se mole samo u svojim mislima, kako oni marljivo zazivaju Boga vrata molitve će se otvoriti i oni će primiti odgovore molitve i doći će do molitve u duhu. Bez molitve, vrata molitve se ne mogu otvoriti. Jer Bog sluša čak i molitvu duše, jednom kad su vrata molitve otvorena, ti ćeš se ujediniti sa Duhom Svetim, početi se moliti u inspiraciji Duha Svetog i primiti odgovore za sve što si pitao u prošlosti.

Pretpostavimo da postoji sin koji nije ugodio svojem ocu. Jer sin nije mogao ugoditi ocu sa svojim djelom, on nije mogao primiti ništa za što je pitao svojeg oca. Ipak, jedan dan sin je počeo udovoljavati oca sa djelima i otac je počeo gledati svog sina prema svojem srcu. Sada, kako bi otac počeo tretirati svojeg sina? Sjeti se da njihova veza nije više kakva je bila u prošlosti. Otac želi dati svojem sinu sve što ga je pitao a sin primiti sve stvari koje je pitao u prošlosti.

Na isti način, iako je naša molitva iz naših misli, kada se nakupi, mi ćemo primiti moć molitve i moliti se na način koji je Bogu ugodan i vrata molitve će se otvoriti za tebe. Mi ćemo također primiti čak i stvari koje smo tražili od Boga u prošlosti i shvatiti da On nije ignorirao ni jedan trivijalni objekt u našim molitvama.

Nadalje, kada se mi molimo u duhu u punoći Duha Svetog, mi nećemo biti iscrpljeni ili podleći uspavanosti ili svjetovnim mislima nego ćemo se moliti sa vjerom i u radosti. Tako čak i grupa ljudi se može moliti u dogovoru jer se oni mole u duhu i u ljubavi sa jednim umom i jednom voljom.

Mi čitamo u drugom stihu na kojem je ovo poglavlje bazirano

„Jer gdje su dvojica ili trojica skupljena u ime moje, ondje sam ja među njima" (Po Mateju 18:20). Kada se ljudi skupe u molitvi u ime Isusa Krista, Božja djeca koja su primila Duh Sveti se u suštini mole u dogovoru i naš Gospod će zasigurno biti tamo. Drugim riječima, kada se grupa ljudi koji su primili Duha Svetog skupi i moli u dogovoru, naš Gospod će nadgledati umove svake osobe, sjediniti ih sa Duhom Svetom i voditi ih biti jedan um tako da njihova molitva može biti ugodna našem Bogu.

Međutim, ako se grupa ljudi ne može skupiti zajedno i biti jedno srce, grupa kao cjelina se ne može moliti u dogovoru ili moliti se iz srca svakog sudionika čak i ako se mole za zajednički cilj jer srce jednog od sudionika nije u dogovoru sa drugima u grupi. Ako se srca ljudi u skupu ne mogu ujediniti kao jedno, voditelj bi trebao voditi vrijeme pohvala i pokajanja tako da srca okupljenih ljudi mogu postati jedna sa Duhom Svetim.

Naš Gospod će biti sa ljudima koji se mole kada oni postanu jedno sa Duhom Svetim, dok On nadgleda i vodi srca svake osobe u skupu. Kada ljudska molitva nije u skladu, mora se shvatiti da tada naš Gospod ne može biti sa takvim osobama.

Kada ljudi postanu jedno sa Duhom Svetim i mole se u dogovoru, svatko će se moliti iz srca, biti ispunjen sa Duhom Svetim, znojem svojih tijela i postati sigurni da će Božji odgovori doći za koje su pitali kao nalet radosti sa visina koji ih omata.

Naš Gospod će biti sa ljudima koji se mole na taj način i takva molitva je takva vrsta koja je ugodna Bogu.

Moleći se u dogovoru u punoći Duha Svetog i iz srca ja se nadam da će svatko od vas dobiti sve što pita u molitvi i prema tome davati hvalu Bogu kada se ti skupiš sa ostalim iz svoje ćelije i kod kuće ili u crkvi.

Velika moć molitve u dogovoru

Jedna od prednosti molitve u dogovoru je razlika u brzini u kojoj ljudi primaju odgovore od Boga i vrstu rada koju On prikazuje jer, kao primjer, postoji drastična razlika u kvaliteti molitve između 30 minutne molitve jedne osobe sa jednim zahtjevom i 30 minutne molitve deset ljudi sa istim zahtjevom.

Kada se ljudi mole u dogovoru i Bog je zadovoljan prihvatiti njihovu molitvu, oni će iskusiti neporecivo prikazanje Božjeg rada i veliku moć njihove molitve.

U Djelima apostolskim 1:12-15 mi pronalazimo da nakon što je naš Gospod uskrsnuo i uzašao na nebo grupa ljudi se skupila uključujući i Njegove učenike u konstantnu molitvu. Broj ljudi u toj skupini je bio oko sto dvadeset. U iskrenoj nadi u primanje Duha Svetog kojeg im je Isus obećao, ti su se ljudi skupili moliti u dogovoru do Duhova.

I kad se navrši pedeset dana, bili su svi zajedno na istom mjestu. I ujedanput postade šum s neba, kao kad dolazi silan vjetar, i napuni svu kuću, gdje su sjedili, I pokazaše im se razdijeljeni jezici kao od ognja, i sjede po jedan na svakoga od njih. I napuniše se svi Duha Svetoga, i stadoše govoriti raznim jezicima, kao što im je Duh (Sveti) davao da govore (Djela apostolska 2:1-4).

Kako je čudesan ovaj rad Boga? Kako su se oni molili u dogovoru, svaki od sto dvadeset ljudi koji su se skupili je primio Duha Svetog i počeo pričati drugim jezicima. Apostoli su također primili veliku moć od Boga tako da je broj ljudi koji su prihvatili Isusa Krista kroz Petrovu poruku i koji su kršteni je bilo skoro tri tisuće (Djela apostolska 2:41). Kako su svakakve vrste čuda i veličanstvenih znakova apostoli prikazivali, broj vjernika se povećavao iz dana u dan i život vjernika se također počeo mijenjati (Djela apostolska 2:43-47).

A kad vidješe smjelost Petrovu i Ivanovu i razabraše, da su ljudi neškolovani i prosti, divili su se, a znali su ih, da su bili s Isusom. Jer vidješe i iscijeljenoga čovjeka, gdje stoji s njima, nijesu mogli ništa da odvrate (Djela apostolska 4:13-14).

A po rukama apostola dogodiše se mnogi znaci i čudesa u

narodu. I bili su jednodušno svi u trijemu Salomonovu. A od ostalih nitko se nije smio pridružiti njima; ali ih je narod veličao. I sve se više množio broj muževa i žena, koji su vjerovali u Gospodina, tako da su na ulice iznosili bolesnike i stavljali ih na posteljama i nosilima, da bi, kad dođe Petar, barem sjena njegova osjenila koga od njih (i oni bili iscijeljeni od svojih bolesti). A dolazili su mnogi iz okolnih gradova u Jerusalem i donosili bolesnike i mučene od nečistih duhova. I svi bi ozdravljali (Djela apostolska 5:12-16).

To je bila moć molitve u dogovoru koja je omogućila apostolima hrabro propovijedati Riječ, liječiti slijepe, bogalje i slabe, oživljavati mrtve, liječiti sve vrste bolesti i istjerivati zle duhove.

Slijedeće je Petrov zapis koji je u to vrijeme bio zatvoren tijekom vladavine Heroda (Agrippa I) koji je prvenstveno zapamćen zbog progona kršćana. U Djelima apostolskim 12:5 mi nalazimo, „I tako su Petra čuvali u tamnici. A crkva se je molila za njega Bogu bez prestanka." Dok je Petar spavao, zavezan sa dva lanca, crkva se molila u dogovoru za Petra. Nakon što je Bog čuo crkvene molitve, On je poslao anđela da spasi Petra.

Noć prije nego je Herod htio dovesti Petra pred sud, apostol je bio zavezan sa dva lanca i spavao je dok su stražari čuvali stražu na ulazu (Djela apostolska 12:6). Ipak, Bog je prikazao Svoju moć otključavajući lance i otvarajući željezna vrata zatvora (Djela apostolska 12:7-10). Nakon što je on došao do kuće Marije Ivanove majke, također zvanog Marko, Petar je saznao da su se tamo okupili mnogi ljudi i molili su za njega (Djela apostolska 12:12). Takav veličanstven rad je bio rezultat moći crkvene molitve u dogovoru.

Sve što je crkva učinila za zarobljenog Petra je bilo molitva u dogovoru. Isto tako, kada nevolja zarobi crkvu ili kada bolest pogodi vjernike, umjesto upotrebljavanja čovječjih misli i brinuti se i biti nervozan, djeca Boga moraju prvo vjerovati da će im On riješiti sve probleme i skupiti se u jednom umu te se moliti u dogovoru.

Bog ima veliki interes u crkvene molitve u dogovoru, sretan je sa molitvom u dogovoru i odgovara takvoj molitvi sa Svojim veličanstvenim radom. Možeš li zamisliti kako će Bog biti radostan vidjeti Svoju djecu kako se mole u dogovoru za Njegovo kraljevstvo i pravednost?

Kako ljudi postaju ispunjeni sa Duhom Svetim i mole se sa svojim duhom, kada se skupe da bi se molili u dogovoru, oni će iskusiti Božji veliki rad. Oni će primiti moć živjeti prema Riječi Boga, svjedočiti živog Boga na način na koji su to činile rane crkve i apostoli, širiti Božje kraljevstvo i primiti sve što pitaju.

Molim te imaj na umu da nam je Bog obećao da će nam On dati odgovore kada ga mi pitamo i molimo se u dogovoru. Neka svatko od vas temeljito razumije važnost molitve u dogovoru i revno susreće one koji se mole u ime Isusa Krista, tako da će prvo imati iskustvo velike moći molitve u dogovoru, primiti moć molitve i postati prevrijedan radnik svjedočeći živog Boga, u ime našeg Gospoda ja se molim!

Poglavlje 7

Uvijek se moli i ne odustaj

On im pokaza u prispodobi, da se mora svagda moliti i ne sustajati. Recite im:

„U jednom gradu bio je jedan sudac,
koji se nije bojao Boga i nije mario za ljude.
A u onom gradu bila je jedna udovica.
Ona je dolazila k njemu i molila:
'Pribavi mi pravo protiv mojega protivnika!'
On nije htio zadugo.
A najposlije reče u sebi:
'Ne bojim se doduše Boga i ne marim za ljude.
Ali jer mi dodijava ova udovica,
pomoći ću joj do njezina prava;
inače doći će mi napokon i udarit će me po licu.'"

Gospodin nastavi: „Čujte, što govori nepravedni sudac!
A Bog izabranima svojim,
koji dan i noć vapiju k njemu,
da ne pomogne do njihovih prava, da ih pusti čekati?
Kažem vam, brzo će im pribaviti pravo."

(Po Luki 18:1-8)

1. Prispodoba o upornoj udovici

Kada je Isus učio Božju Riječ masi, On im nije govorio bez prispodoba (Po Marku 4:33-34). „Prispodoba o upornoj udovici" na kojoj je ovo poglavlje bazirano objašnjava nam važnost ustrajne molitve, kako se mi moramo uvijek moliti i kako ne smijemo odustati.

Koliko se ti uporno moliš da bi primio Božje odgovore? Uzimaš li predah od molitve ili si odustao jer ti Bog još uvijek nije odgovorio na tvoje molitve?

U životu postoje nebrojeni problemi i nevolje velike i male. Kada mi evangeliziramo ljude i govorimo im o živom Bogu, neki tražeći Boga počinju posjećivati crkvu da bi riješili svoje probleme, a drugi dolaze samo da bi pronašli ugodu u svojem srcu.

Bez obzira na razlog zašto su ljudi počeli posjećivati crkvu, kako oni slave Boga i prihvaćaju Isusa Krista, oni uče da, kao djeca Boga, mogu primiti sve što pitaju i mogu biti pretvoreni u ljude molitve.

Prema tome, sva djeca Boga moraju učiti kroz Njegovu Riječ sa kakvom je vrstom molitve On zadovoljan, obilno se moliti prema osnovama molitve, te imati vjeru ustrajati i moliti se dok ne prime plod Božjeg odgovora. Zato su ljudi sa vjerom svjesni važnosti molitve i mole se iz navike. Oni ne počinjavaju grijehe propuštanja molitve čak i ako ne prime odgovor odmah. Umjesto odustajanja, oni se još vatrenije mole.

Samo sa takvom vjerom ljudi mogu primiti Božje odgovore i dati Mu slavu. Ipak, iako mnogi ljudi ispovijedaju da vjeruju, teško je pronaći ljude sa velikom vjerom kao što je takva. Zato naš Gospod nariče i pita, „Ali Sin čovječji, kad dođe, hoće li naći vjeru na zemlji?" (Po Luki 18:8)

U određenom gradu bio je pokvareni sudac koji je pustio udovici da ponovno dolazi i moli, „Zaštiti me od mojih protivnika." Korumpirani sudac je očekivao mito ali siromašna udovica nije mogla priuštiti niti mali dar pažnje da bi dala sucu. Ipak, udovica je nastavila dolaziti do suca i moliti ga i sudac je nastavio odbijati udovičin zahtjev. Jedan dan, on je imao promjenu srca. Znaš li zašto? Poslušaj što je taj pokvareni sudac rekao sebi:

„Ne bojim se doduše Boga i ne marim za ljude. Ali jer mi dodijava ova udovica, pomoći ću joj do njezina prava; inače doći će mi napokon i udarit će me po licu" (Po Luki 18:4-5)

Jer udovica nije odustala nego je nastavila dolaziti do njega sa svojim zahtjevom, čak i ovaj opaki sudac je mogao samo popustiti željama udovice koja ga je gnjavila.

Na kraju prispodobe koju je Isus koristio da bi nam dao ključ primanja Božjih odgovora, On je zaključio, „Čujte, što govori nepravedni sudac! A Bog izabranima svojim, koji dan i noć vapiju k njemu, da ne pomogne do njihovih prava, da ih pusti čekati? Kažem vam, brzo će im pribaviti pravo" (Stih 6-8).

Ako je pokvareni sudac slušao molbu udovice, zašto ne bi pravedni Bog odgovorio Svojoj djeci kada Ga oni zazovu? Ako se oni prvo zakunu primiti odgovor za određeni problem, ostanu budni cijele noći i hrvaju se u molitvi, kako im Bog ne bi odgovorio brzo? Ja sam siguran da ste mnogi od vas čuli slučajeve u kojima su ljudi primili Njegove odgovore tijekom perioda molitvi sa zakletvom.

U Psalmu 50:15 Bog nam govori, „Prizovi me u dan nevolje, tada ću te izbaviti, a ti ćeš me slaviti." Drugim riječima, Bog namjerava za nas da Ga slavimo odgovarajući na naše molitve. Isus nas podsjeća po Mateju 7:11, „Kad dakle vi, koji ste zli, znate dobre dare davati djeci svojoj, koliko će više Otac vaš nebeski dati dobra onima, koji ga za to mole!" Kako može Bog, koji je bez rezervacije dao Svog jednog i jedinog Sina u smrt zbog nas, ne odgovoriti na molitve Svoje voljene djece? Bog želi dati brz odgovor Svojoj djeci koja Ga vole.

Ipak, zašto tako mnogo ljudi govori da su bez Njegovih odgovora čak i ako se mole? Božja Riječ nam posebno govori po Mateju 7:7-8, „Molite, i dat će vam se; tražite, i naći ćete; kucajte, i otvorit će vam se. Jer svaki, koji moli, prima; tko traži, nalazi; tko kuca, otvara mu se." Zato je nemoguće da nam molitve nisu odgovorene. Ipak, Bog nije u mogućnosti odgovoriti na naše molitve zbog zida grijeha koji stoji na našem putu do Njega, jer se mi nismo molili dovoljno, ili jer još nije došlo vrijeme da bi primili Njegove odgovore.

Mi se uvijek moramo moliti bez odustajanja jer kada mi ustrajemo i nastavimo se moliti sa vjerom, Duh Sveti kida zid koji stoji između Boga i nas i otvara put Božjim odgovorima kroz pokajanje. Kada se količina naše molitve čini dovoljna u Božjim očima, On će nam zasigurno odgovoriti.

Po Luki 11:5-8 Isus nas ponovno uči o ustrajnosti i nametljivosti:

Jedan od vas ima prijatelja. K njemu on ode u ponoći; rekne mu: „Prijatelju, uzajmi mi kruha! Došao mi je prijatelj moj s puta, i nemam mu što postaviti"; a on mu iznutra odgovori: „Ne uznemiruj me! Već su vrata zatvorena, i djeca su moja s menom u postelji. Ne mogu ustati da ti dam." Kažem vam: Ako i ne ustane, da mu dadne zato, što mu je prijatelj, ali zbog dosađivanja njegova ustat će i dat će mu, što treba.

Isus nas uči da Bog ne odbija nego odgovora na nametljivost Njegove djece. Kada se mi molimo Bogu, mi se moramo hrabro moliti i sa ustrajnosti. To ne znači da ti samo zahtijevaš nego se moliš i tražiš sa smislom sigurnosti sa vjerom. Biblija često spominje mnoge praoce vjere koji su primali odgovore sa takvom molitvom.

Nakon što se Jakob hrvao sa anđelom pored rijeke Jabbok do zore, on se iskreno molio i učinio snažan zahtjeva za blagoslovom, govoreći, „Ne puštam te, dok me ne blagosloviš" (Postanak 32:26) i Bog je dopustio Jakobu blagoslove. Od te točke pa na dalje, Jakob se zvao „Izrael" i postao je praotac Izraelaca.

Po Mateju 15 Kananitska žena čija je kćer patila od

demonske opsjednutosti prvo je došla do Isusa i rekla Mu, „Smiluj mi se, Gospodine, sine Davidov! Moju kćer vrlo muči đavao." Ali Isus nije rekao ni riječi (Po Mateju 15:22-23). Kada je žena došla drugi put, klekla pred Njega i molila Ga, Isus je jednostavno rekao, „Ja sam poslan samo k izgubljenim ovcama kuće Izraelove" i odbio ženin zahtjev (Po Mateju 15:25-26). Kada se žena nametnula Isusu još jednom „Sigurno, Gospodine; ali psići dobiju ipak od mrvica, što padnu sa stola njihovih gospodara" tada joj je Isus rekao, „O ženo, velika je vjera tvoja, neka ti bude kako želiš" (Po Mateju 15:27-28).

Slično tomu, mi moramo slijediti tragove naših praotaca vjere prema Riječi Božjoj i uvijek se moliti. I mi se trebamo moliti sa vjerom, sa smislom sigurnosti i sa vatrenim srcem. Sa vjerom u našeg Boga koji uvijek žanje u pravo vrijeme, mi moramo postati pravi sljedbenici Krista u našem molitvenom životu bez odustajanja.

2. Zašto se uvijek moramo moliti

Baš kao što čovjek ne može održavati život bez disanja, djeca Boga koja su primila Duha Svetog ne mogu doći do vječnog života bez molitve. Molitva je dijalog sa živim Bogom i dah našeg duha. Ako Božja djeca koja su primila Duh Sveti ne komuniciraju sa Njim, oni će ugasiti vatru Duha Svetog i prema tome više neće moći hodati putem života nego će zastraniti na put smrti i na kraju neće doći do spasenja.

Ipak, jer molitva uspostavlja komunikaciju sa Bogom, mi ćemo stići do spasenja dok slušamo glas Duha Svetog, učimo i živimo prema volji Boga. Čak i ako nevolja dođe na naš put, Bog će nam dati načina izbjeći ju. On će također raditi za naše dobro u svim stvarima. Sa molitvom mi također iskusimo moć svemogućeg Boga koji nas osnažuje da bi se suprotstavili i prevladali neprijatelja vraga, prema tome dajući Mu slavu sa našom čvrstom vjerom koja može činiti nemoguće, mogućim.

Prema tome, Biblija nam zapovijeda da se molimo bez prestanka (1. Poslanica Solunjanima 5:17) i to je „Božja volja" (1. Poslanica Solunjanima 5:18). Isus je postavio ispravan primjer molitve tako da se kontinuirano molio prema volji Boga bez obzira na vrijeme i mjesto. On se molio u pustinji, na planini i na mnogim drugim mjestima i molio se u zoru i preko noći.

Kontinuirano se moleći, naši praoci vjere su živjeli prema volji Boga. Prorok Samuel nam govori, „A daleko neka je od mene, da se ogriješim o Gospoda prestavši zagovarati vas; nego ću vas upućivati na put dobar i pravi" (1. Samuelova 12:23). Molitelj je Božja volja i Njegove zapovijedi; Samuel nam govori da je propuštanje kontinuiranog moljenja grijeh.

Kada se mi ne molimo ili uzmemo predah od molitvenog života, svjetovne se misli upliću u naš um i sprječavaju nas od volje živog Boga i mi ćemo se susretati sa teškim problemima jer smo mi bez Božje zaštite. Prema tome, kada ljudi padaju u iskušenja oni prigovaraju protiv Boga ili zastrane još više sa Njegova puta.

Iz tog razloga 1. Petrova poslanica 5:8 kaže, „Budite trijezni i bdijte. Jer protivnik vaš, đavao, kao lav ričući obilazi i traži, koga da proždere. Njemu se oduprite tvrdi u vjeri i znajte, da iste muke podnose vaša braća u svijetu" i potiče nas da se uvijek molimo. Molimo se ne samo kad imamo probleme nego uvijek, tako da ćemo biti Božja blagoslovljena djeca kojima svi poslovi u životu idu dobro.

3. U ispravno vrijeme mi ćemo žeti žetvu

Poslanica Galaćanima 6:9 govori, „A dobro činiti, neka nam ne dodija, jer ćemo u svoje vrijeme požeti, ako ne sustanemo."

Isto je sa molitvom. Kada se mi uvijek molimo prema Božjoj volji bez odustajanja i kad ispravno vrijeme dođe, mi ćemo žeti žetvu. Ako je ratar nestrpljiv ubrzo nakon sadnje sjemena i iskopa to sjeme iz zemlje, ili ako se ne brine za klicu i čeka, kakav bi bio cilj žetve? Dok ne primimo odgovore na naše molitve, posveta i upornost su potrebne.

Nadalje, vrijeme žetve se razlikuje prema tome kakvu vrstu sjemena smo posadili. Neko sjeme rodi plod u nekoliko mjeseci dok drugima treba godine. Biljke i žitarice se žanju lakše od jabuka ili rijetko bilja kao ginseng. Za rjeđe i skuplje usjeve, više vremena i posvete se mora uložiti.

Moraš shvatiti da je više molitve potrebno za veće i ozbiljnije probleme za koje se ti moliš. Kada je prorok Daniel vidio viziju koja se tiče budućnosti Izraela, on je žalovao tri tjedna i molio se, Bog je čuo Davidovu molitvu prvi dan i poslao anđela da bi bio siguran da je prorok svjestan toga (Daniel 10:12). Međutim, kako se princ moći zraka opirao anđelu dvadeset i jedan dan, anđeo je došao Danielu zadnji dan i samo je tada Daniel znao za sigurno (Daniel 10:13-14).

Što bi se dogodilo ako je Daniel odustao i prestao se moliti?

Iako je on postao tužan i izgubio snagu nakon što je vidio viziju, Daniel je nastavio u molitvi i na kraju je primio Božji odgovor.

Kada mi ustrajemo sa vjerom i molimo se dok ne primimo Njegove odgovore, Bog nam daje pomagača i vodi nas do Njegovih odgovora. Zato je anđeo koji je donio Božji odgovor Danielu rekao proroku, „Dvadeset i jedan dan opirao mi se knez anđeo kraljevstva perzijskoga. Tada mi je došao u pomoć Mihael, jedan od najviših knezova anđela. Ostavio sam ga tamo kod kneza anđela kraljevstva perzijskoga. I dolazim, da ti kažem, što čeka tvoj narod u budućim danima, jer viđenje ide još u daleke dane" (Daniel 10:13-14).

Za kakvu vrstu problema se ti moliš? Da li je tvoja vrsta molitve koja dolazi do Božjeg trona? Da bi razumio viziju koju mu je Bog pokazao, Daniel se odlučio poniziti tako da nije jeo nikakvu ukusnu hranu, niti je meso ili vino ušlo u njegova usta, ili je koristio bilo kakvu pomast dok cijela tri tjedna nisu završila (Daniel 10:3). Kako se Daniel ponizio tri tjedna u zavjetnoj molitvi, Bog je čuo njegovu molitvu i odgovorio mu prvi dan.

Ovdje, obrati pažnju na činjenicu da dok je Bog čuo Danielovu molitvu i odgovorio proroku prvi dan, trebalo je proći tri tjedna prije nego je Njegov odgovor stigao do Daniela.

Mnogi ljudi, nakon što se suoče sa ozbiljnim problemima, pokušavaju se moliti jedan ili dva dana i brzo odustanu. Takva praksa svjedoći njihovoj maloj vjeri.

Ono što najviše trebamo u našoj generaciji danas je srce sa kojim mi vjerujemo samo u našeg Boga koji će nam sigurno odgovoriti, ustrajati i moliti se, bez obzira na vrijeme dolaska Božjeg odgovora. Kako mi možemo očekivati primiti Božji odgovor bez ustrajanja?

Bog daje kišu u svojoj sezoni, i jesensku kišu i proljetnu kišu, i postavlja vrijeme žetve (Jeremija 5;:24). Zato nam Isus govori, „Zato vam kažem, u molitvi možete zaželjeti, bilo štogod. Vjerujte samo, da ćete primiti, i bit će vam" (Po Marku 11:24). Jer je Daniel vjerovao u Boga koji odgovara na molitve, on je ustrajao i nije prestajao sa molitvom dok nije primio Božji odgovor.

Biblija nam govori, „A vjera je tvrdo pouzdanje u ono, čemu se nadamo, osvjedočenje o onom, što ne vidimo" (Poslanica Hebrejima 11:1). Ako je netko prestao sa molitvom jer još nije primio Božji odgovor, on ne smije misliti da on ima vjere ili da će on primiti Božje odgovore. Ako on ima pravu vjeru, on neće boraviti u trenutnim okolnostima nego će se kontinuirano moliti bez odustajanja. To je zato što on vjeruje da će mu Bog, koji nam dopušta žeti što smo posijali i vraća nam za ono što smo napravili, sigurno odgovoriti.

Kako što nam Poslanica Efežanima 5:7-8 govori, „Nemojte dakle postati zajedničari njihovi! Jer ste bili nekada tama, a sad ste svjetlost u Gospodinu. Kao djeca svijetla živite," neka svatko od vas posjeduje pravu vjeru, ustraje u molitvi svemogućem Bogu, primi sve što je pitao u molitvi i vodi život pun Božjih blagoslova, u ime našeg Gospoda Isusa Krista ja se molim!

Autor:
Dr. Jaerock Lee

Dr. Jaerock Lee rođen je 1943. u Muanu, provincija Jeonnam, Republika Koreja. U svojim dvadesetim godinama Dr. Lee je sedam godina bolovao od niza neizlječivih bolesti i iščekivao smrt bez ikakve nade u oporavak. Međutim, jednoga dana, u proljeće 1974., njegova ga je sestra odvela u crkvu, a, kada je kleknuo da se pomoli, živi ga je Bog smjesta ozdravio od svih njegovih bolesti.

Od trenutka kada je Dr. Lee upoznao živoga Boga putem tog prekrasnog iskustva, ljubio je Boga svim svojim srcem i dušem, a 1978. pozvan je da postane sluga Božji. Usrdno se molio da jasno spozna Božju volju, da je u cijelosti provede u djelo i da poštuje Riječ Božju. 1982. utemeljio je crkvu Manmin Central Church u Seulu, Koreja, a u toj su se crkvi događala brojna djela Božja, uključujući i čudesna ozdravljenja i znamenja.

1986. Dr. Lee zaređen je za pastora na Godišnjoj skupštini crkve Jesus' Sungkyul Church iz Koreje, a četiri godine kasnije, 1990., njegove su propovijedi Dalekoistočna televizijska kuća, Azijska televizijska postaja i Kršćanski radio Washingtona počeli prenositi na televiziji u Australiji, Rusiji, na Filipinima i u brojnim drugim zemljama.

Tri godine kasnije, 1993., crkvu Manmin Central Church odabrao je za jednu od „50 najvećih crkava na svijetu" časopis Kršćanski svijet (SAD), a on je primio Počasni doktorat božanstva od fakulteta Christian Faith College, Florida, SAD, a 1996. i doktorsku titulu od teološkog sjemeništa Kingsway Theological Seminary, Iowa, SAD.

Od 1993. Dr. Lee predvodi i svjetsku misiju u mnogim prekooceanskim pokretima u Tanzaniji, Argentini, L.A.-u, Baltimore Cityju, Hawaiijima i New York Cityju u SAD-u, Ugandi, Japanu, Pakistanu, Keniji, Filipinima, Hondurasu,

Indiji, Rusiji, Njemačkoj, Peruu, Demokratskoj Republici Kongo i Izraelu. 2002. glavne kršćanske novine u Koreji prozvale su ga „svjetskim pastorom" za njegov doprinos u različitim prekooceanskim pokretima za veliko ujedinjenje.

Od lipanj 2014. crkva Manmin Central Church ima kongregaciju od više od 120.000 članova. Ima 10.000 tuzemnih i inozemnih ogranaka crkve diljem planete, a dosad je više od 123 misionara poslano u 23 zemlje, uključujući i Sjedinjene Američke Države, Rusiju, Njemačku, Kanadu, Japan, Kinu, Francusku, Indiju, Keniju i mnoge druge zemlje.

Do datuma objavljivanja ove knjige Dr. Lee je napisao 92 knjiga, uključujući i bestselere Kušanje Vječnog Života Prije Smrti, Moj Život, Moja Vjera I i II, Poruka Križa, Mjera Vjere, Raj I i II, Pakao i Božja Moć. Njegova su djela prevedena na više od 76 jezika.

Njegove kršćanske kolumne objavljuju The Hankook Ilbo, The Chosun Ilbo, The JoongAng Daily, The Dong-A Ilbo, The Munhwa Ilbo, The Seoul Shinmun, The Kyunghyang Shinmun, The Korea Economic Daily, The Korea Herald, The Shisa News, and The Christian Press.

Dr. Lee je trenutačno vođa mnogih misionarskih organizacija i udruga, uključujući i funkcije predsjedavajućega u The United Holiness Church of Jesus Christ, predsjednika u Manmin World Mission, stalnog predsjednika u The World Christianity Revival Mission Association, osnivača i predsjednika uprave u Global Christian Network (GCN), osnivača i predsjednika uprave u World Christian Doctors Network (WCDN) i osnivača i predsjednika uprave u Manmin International Seminary (MIS).

Ostale moćne knjige istog autora

Raj I i II

Podrobna skica božanske životne okoline u kojoj uživaju stanovnici raja i prekrasan opis različitih razina nebeskog kraljevstva.

Poruka Križa

Moćna poruka razbudivanja za sve ljude koji su u duhovnom snu! U ovoj ćete knjizi pronaći razlog zašto je Isus naš jedini Spasitelj i iskrenu Božju ljubav.

Pakao

Ozbiljna poruka cijelom čovječanstvu od Boga, koji ne želi da čak i jedna duša padne u dubine pakla! Otkrit ćete nikada prije objavljeni opis surove stvarnosti Hada i pakla.

Izraele, Probudi se

Zašto je Bog uperio pogled u Izrael od početka svijeta do današnjega dana? Koja je vrsta Njegove providnosti pripravljena za Izrael posljednjih dana, koji iščekuje Mesiju?

Moj Život, Moja Vjera I i II

Najmirisnija duhovna aroma izvučena kao ekstrakt iz života koji je procvjetao neusporedivom ljubavlju za Boga usred tamnih valova, hladnoga jarma i najdubljeg očaja.

www.urimbooks.com

www.ingramcontent.com/pod-product-compliance
Lightning Source LLC
LaVergne TN
LVHW061037070526
838201LV00073B/5076